世界名人非常之路

SHI JIE MING REN
FEI CHANG ZHI LU

马克·吐温

李 勇◎编著

中国社会出版社

国家一级出版社 ★ 全国百佳图书出版单位

《世界名人非常之路》编委会

主　　任：刘明山

编　　委：

周红英	王汉卿	高立来	李正蕊	刘亚伟	张雪娇
方士娟	刘亚超	张鑫蕊	李 勇	唐 容	蒲永平
冯化太	李 奎	李广阔	张兰芳	高永立	潘玉峰
王晓蕾	李丽红	邢建华	何水明	田成章	李正平
刘干才	熊 伟	余海文	张德荣	付思明	杨永金
向平才	赵喜臣	张广伟	袁占才	许兴胜	许 杰
谢登华	衡孝芬	李建学	贺欣欣		

马克·吐温

著名学者培根说："用伟大人物的事迹激励我们每个人，远胜于一切教育。"

的确，崇拜伟人、模仿英雄是每个人的天性，人们天生就是伟人的追星族。我们每个人在追星的过程中，带着崇敬与激情沿着伟人的成长轨迹，陶冶心灵，胸中便会油然升腾起一股发自心底的潜力，一股奋起追求的冲动，去寻找人生的标杆。那种潜移默化的无形力量，会激励我们向往崇高的人生境界，获得人生的成功。

浩浩历史千百载，滚滚红尘万古名。在我们人类历史发展的进程中，涌现出了许多可歌可泣、光芒万丈的人间精英。他们用挥毫的笔、超人的智慧、卓越的才能书写着世界历史，描绘着美好的未来，不断创造着人类历史的崭新篇章，不断推动着人类文明的进步和发展，为我们留下了许多宝贵的精神财富和物质财富。

这些伟大的人物，是人间的英杰，是我们人类的骄傲和自豪。我们不能忘记他们在那历史巅峰发出的洪亮的声音，应该让他们永垂青史，英名长存，永远纪念他们的丰功伟绩，永远作为我们的楷模。以使我们未来的时代拥有更多的出类拔萃者，以便开创和编织更加绚丽多姿的人间美景。

在我们追寻伟人的成长历程中会发现，虽然每一位人物的成长背景各不相同，但他们在一生中所表现出的辛勤奋斗和顽强拼搏精神，则是殊途同归的。这正如爱默生所说："伟大人物最明显的标志，就是他们拥有坚强的意志，不管环境怎样变化，他们的初衷与希望永远不会有丝毫的改变，他们永远会克服一切障碍，达到他们期望的目的。"同时，爱默生又说："所有伟大人物都是从艰苦中脱颖而出的。"

伟大人物的成长也具有其平凡性，关键是他们在做好思想准备进行人生不懈追求的过程中，从日常司空见惯的普通小事上，迸发出了生命的火花，化藐小为伟大，化平凡为神奇，获得灵感和启发，从而获得伟大的精神力量，去争取伟大成功的。这恰恰是我们每个人都要学习的地方。

正如学者吉田兼好所说："天下所有的伟大人物，起初都很幼稚而有严重缺点的，但他们遵守规则，重视规律，不自以为是，因此才成为一代名家，而成为人们崇敬的偶像。"

为此，我们特别推出《世界名人非常之路》丛书，精选荟萃了古今中外各行各业具有代表性的有关名人，其中包括政治领袖、将帅英雄、思想大家、科学巨子、文坛泰斗、艺术巨匠、体坛健儿、企业精英、探险英雄、平凡伟人等，主要以他们的成长历程和人生发展为线索，尽量避免冗长的说教性叙述，而采用日常生活中富于启发性的小故事来传达他们成功的道理，尤其着重表现他们所处时代的生活特征和他们建功立业的艰难过程，以便使读者产生思想共鸣和受到启迪。

为了让读者很好地把握和学习这些名人，我们还增设了人物简介、经典故事、人物年谱和名人名言等相关内容，使本套丛书更具可读性、指向性和知识性。

为了更加形象地表现名人的发展历程，我们还根据人物的成长线索，适当配图，使之图文并茂，形式新颖，设计精美，非常适合读者阅读和收藏。

我们在编撰本套丛书时，为了体现内容的系统性和资料的翔实性，参考和借鉴了国内外的大量资料和许多版本，在此向所有辛勤付出的人们表示衷心谢意。但仍难免出现挂一漏万或错误疏忽，恳请读者批评指正，以利于我们修正。我们相信广大读者通过阅读这些世界名人的成长与成功故事，领略他们的人生追求与思想力量，一定会受到多方面的启迪和教益，进而更好地把握自我成长的关键，直至开创自己的成功人生！

人物简介

❧ 名人简介 ❧

马克·吐温（Mark Twain，1835～1910），原名萨缪尔·兰亨·克莱门斯，是美国的幽默大师、小说家、作家，也是著名演说家。

马克·吐温出生于密苏里州佛罗里达镇。幼时家境贫困，12 岁时因父亲去世辍学，开始到印刷所当学徒。1851 年，在他的哥哥开办的报馆中当排字工人，开始发表幽默小品。21 岁时，马克·吐温成为密西西比河上的领航员。这一段经历为他今后的创作提供了许多素材。

1861 年，美国南北战争爆发，马克·吐温随哥哥去内华达。先卷入淘金热潮，后到报馆工作，从此开始创作生涯。1863 年开始使用"马克·吐温"的笔名。1865 年，他在纽约一家杂志发表幽默故事《卡拉维拉斯郡有名的跳蛙》，使他闻名全国。

1870 年，马克·吐温与奥莉维亚·兰登结成忠诚的伴侣。1873 年，马克·吐温与查·沃纳合写的《镀金时代》出版，这是他的第一部长篇小说。1876 年，长篇小说《汤姆·索亚历险记》出版，受到读者的广泛喜爱。1884 年，《哈克贝利·费恩历险记》出版，这部小说得到批评家的高度评价，深受国内外读者的欢迎。

1900 年 10 月，为偿还债务旅行演讲的马克·吐温，在离开美国近 10 年后回国，受到热烈欢迎，成为文艺界的领袖。1904 年，妻子在意大利逝世。马克·吐温进入了事业的最后阶段。晚年最重要的著作是他口授、由秘书笔录的《自传》。

1910 年 4 月 21 日，马克·吐温去世，享年 75 岁。

☙ 成就与贡献 ❧

马克·吐温是美国 19 世纪中后期成就卓著的现实主义作家，世界著名的短篇小说大师。他经历了美国从"自由"资本主义到帝国主义的发展过程，其思想和创作也表现为从轻快调笑到辛辣讽刺再到悲观厌世的发展阶段。他的长篇小说《哈克贝利·费恩历险记》，已成为现代美国小说的经典著作。

马克·吐温以幽默的写作风格和大量方言土语的巧妙运用，增加了美国文学的独特韵味，为美国文学独立品格的形成，作出了巨大的贡献。此外，马克·吐温的贡献还在于创造了一种符合美国民族精神的散文文体。

☙ 地位与影响 ❧

马克·吐温是 19 世纪美国现实主义文学主要奠基人之一，他开创了美国小说语言口语化的先河，对后世作家产生了巨大影响。美国人民尊其为"我们文学上的林肯"。他的作品在世界各国广泛流传，深受各国人民喜爱，已成为世界文学宝库中的一部分。

作为现实主义文学的主将，马克·吐温在美国文学史上起到了继往开来的作用。在美国建国后的许多年里，作家们几乎都处于英国文学传统的影响之下。而马克·吐温的功绩在于，他打破了这个局面，用西部地区的群众幽默，充满美国俚语的口语体，特殊的说故事方式闯出一条新路。

马克·吐温

少时苦乐

那些有好书却不读的人，不比无法读到这些书的人拥有任何优势。

—— 马克·吐温

拓荒者的后代

　　1835 年 11 月 30 日，马克·吐温出生在美国密苏里州的佛罗里达镇乡村的一个贫穷的律师家庭。马克·吐温原名叫萨缪尔·兰亨·克莱门斯。

　　萨缪尔是在全家迁徙西部的时候，被母亲洁恩·克莱门斯夫人生下来的早产儿。为了纪念他的祖父，父母给孩子取了个教名"萨缪尔"。

　　萨缪尔是家中 7 个小孩中的第六个孩子。他只有一个哥哥一个姐姐在童年过后，幸存了下来。他的哥哥是奥利安·克莱门斯和姐姐帕梅拉。

　　萨缪尔的远祖是英格兰人，于 1642 年飘洋过海来到了新大陆，成为无数个拓荒者之一。萨缪尔的祖父，也就是萨缪尔·克莱门斯于 1805 年在帮助邻居家搭盖房屋时，被一根圆木掉下来砸死了，遗留下祖母和 5 个孩子。

　　祖父一死，萨缪尔的父亲约翰·马歇尔·克莱门斯的苦日子也就开始了。约翰 10 岁时，他随改嫁的母亲从弗吉尼亚迁至肯塔基。在继父的严厉管教下，约翰很小就不得不进厂做工。缺少欢乐的童年，再加上繁重的工作，使约翰·克莱门斯的性格既严肃又忧郁。

　　约翰·克莱门斯勤奋好学，在 23 岁时，他获得了律师证书。1823 年 5 月，约翰·克莱门斯同洁恩·兰普顿在肯塔基小镇的列克星敦结婚。当时，洁恩 20 岁，约翰·克莱门斯 24 岁，他们俩谁都没有什么钱财。

不久，克莱门斯夫妇便迁到田纳西州东部荒凉山地里的詹姆斯敦村。约翰·克莱门斯认为，这里将会成为新的经济中心。而他作为一名律师或法官，抑或商人，在此都会有很好的发展前景。

约翰·克莱门斯在法院工作，因此有能力在当地盖了一幢较为豪华的房子。为了身后给孩子们留下一份财产，让孩子们能够过上富足的生活，他们经过几年的艰苦奋斗和挣扎，终于以 400 元左右的价钱，购置了一大块包括矿山、森林在内的 40 000 多公顷的土地，成了当地有名的富豪之家。

在当时，一次性地支付的那些钱，实在算是一笔巨款，至少在东田纳西的芬屈雷斯县坎伯兰山的松林和圆丘这一带的人们是这么认为的。

虽然这片土地还很荒芜，可是约翰·克莱门斯认为这片土地铁矿丰富，还有别的矿藏。在这里，有几千公顷上好的黄松木材，可以编成筏子，沿奥勃兹河放下去，放到坎伯兰、俄亥俄，从俄亥俄再放到密西西比河，再从密西西比河放到任何需要木材的地方。这一大片松林，还能生产焦油、松节油、松脂，要多少有多少，财源准会滚滚而来。

此外，这个地方还是一个产酒的地方。美国任何一个地方，无论种植什么，都没有一个地方能像这里那样盛产葡萄酒。这里的葡萄都是野生的。这里还有牧场，有玉米地、小麦地、土豆地，还蕴藏着丰富的煤。

望着这一大片土地，约翰·克莱门斯很是高兴，他兴奋地对家人说："不管我自己的遭遇怎样，我的后代是保了险的。我不能亲眼看到我这些地皮变成金子、银子，可是我的孩子们会见到的。"

但是，几年之后，约翰·克莱门斯逐渐对现状感觉到不满意了。因为到法院打官司的人很少，他搞的一整套发展詹姆斯敦的计划又没有个着落。

在沮丧之余，约翰·克莱门斯开始做起了小生意，他开了一家小店铺。

约翰大部分的时间都是在小店铺度过的，但收入却极其微薄。当地人买东西时很少支付现金，而是非常乐意付给各种实物，因为在这个偏僻的地方，有钱的人真是太少了。

因此，在开店铺的同时，约翰·克莱门斯还得设法揽点案子办。但是，即使如此，一家人的生活仍然很难维持下去。

于是，约翰·克莱门斯动身前往波尔莫尔。但是，波尔莫尔同样是个穷地方，约翰·克莱门斯依然无法施展自己的抱负。

看着自己的几个孩子，约翰·克莱门斯原本沉郁的脸庞上，又增添了几道深深的皱纹。因为费心劳力，他的身体开始变得愈来愈差了。

但是，约翰·克莱门斯并没有就此放弃自己的理想和抱负，他把眼光又一次投向了美国的西部，那是一片神奇的、富饶的，且充满希望的西部。

"到西部去！"在美国历史，人们不会忘记有这样一句非常响亮的口号。当时，这是一句非常诱人的口号。无论是年轻人还是中年人，甚至很多老年人，都相继离开了世世代代繁衍生息的故土，踏上了到西部寻求幸福的路途。

在人们的头脑中，西部就是自由和幸福的天堂，人们可以按照自己的愿望去自由地生活，所有的土地都是那样的肥沃，移民们自己制定公正无私的法律，一切都是那么令人神往和痴迷。为了这些美好的幻想，人们纷纷奔向西部。

而萨缪尔，也就是后来驰名世界的马克·吐温，就是诞生在美国历史上这次著名的西进运动中。

父亲的奋斗精神

1835 年，31 岁的约翰·克莱门斯辞去了当地邮政局长的职位，带着一家人踏上了横穿全国的崎岖不平的旅途，赶往梦想中的西部。

约翰·克莱门斯驾着一辆两匹马拉的大车，车上坐着他的妻子洁恩、8 岁的帕梅拉、5 岁的玛格丽特和 3 岁的本杰明。车上装着所有的家当。10 岁的儿子奥利安和女黑奴珍妮各骑一匹马走在前而。他们穿过田纳西和肯塔基，到达了路易斯维尔。马匹、车辆及家人在那里又改乘船，沿着俄亥俄河顺流而下，后又逆密西西比河而上，直抵密苏里州的圣路易斯。在此上岸，赶车往北而行。

几个星期后，约翰·克莱门斯一家终于到达了前几年远走西部的洁恩的娘家所在的弗罗里达村。

在当时，佛罗里达是美国的西部边疆。美国独立战争赢得胜利时，13 个州领土还很小，只是局限在阿勒格尼山以东到大西洋沿岸狭长的一线。独立战争以后，美国人民开始了漫长的西部开发。

约翰·克莱门斯先是与妻子洁恩的妹夫，约翰·夸尔斯合伙开个小店，做点儿小生意。店面很小，五六个架子上挂着几捆零头印花布，柜台的后面有几桶鳍鱼、咖啡和新奥尔良的糖，墙角边还放着扫把、铲子、斧子、锹、耙子之类的一些物品。墙上挂着一些便宜、简单的帽子，有男式的也有女式的。在屋子的另一头，还有一个柜台，放着几袋子弹，一桶奥尔良糖蜜和本地产的散装的威士忌酒。商品种类也算比较丰富吧！

孩子们只要花上一角钱买东西，就可以吃到放在桶里的一点糖。女人们买几码印花布，除了免费招待一杯有糖和乳酪的茶以外，还可以得到一团线。如果是男人们来买东西，则是请喝一大杯的威士忌。

但是，约翰·克莱门斯的理想并不是仅仅当一个乡下小店的店主，他要做各种有利于发财的"事业"。他想发明一个永不停转的机器，但是最终没有成功。

1837年，约翰·克莱门斯参加了筹建盐河航运公司的16人小组，可是由于一些原因，筹建工作也失败了。随后，他又热衷于建筑一条地方小铁路的规划，但也以失败而告终。

1839年11月，克莱门斯一家搬到了密西西比河西岸的马里恩县的汉尼巴尔。

此时，已经4岁的萨缪尔第一次见到了这条他所倾心的，给他无穷力量与智慧的密西西比河。只见大河两岸风景如画，河面宽阔，河水清澈如镜。

密西西比河是美国的第一大河。它同南美洲的亚马孙河、非洲的尼罗河和中国的长江，统称为世界四大长河。美丽富饶的密西西比河，发源于美国西部偏北的落基山北段的群山峻岭之中，逶迤千里，曲折蜿蜒，河水由北向南纵贯美国大平原，最后河水直接注入墨西哥湾。密西西比河是北美大陆上流程最远、流域面积最广、水量最大的水系。河水像母亲的乳汁一样养育了美国人民。

在这条大河的滋润下，密西西比河整个流域的人们都过得很幸福。美国人民长期以来称源远流长的密西西比河为"老人河"。它的

名称起源于居住在美国北部威斯康星州的阿尔公金人，阿尔公金人是印第安人的一支，他们把这条河流的上部叫做"密西西比"。"密西"意为"大"，"西比"意为河，"密西西比"即是"大河"或"河流之父"的意思。

密西西比河两岸的风光十分迷人。西岸，草原一望无际；绿色的波浪逶迤而去，在天际同蓝天连成一片。东岸，河边、山巅、岩石上、幽谷里，各种颜色、各种芳香的树木杂处在一起，茁壮生长，高耸入云。野葡萄、喇叭花、苦苹果在树下交错，在树枝上攀缘，一直爬到顶梢。它们从槭树延伸到鹅掌楸，从鹅掌楸延伸到蜀葵，形成无数洞穴、无数拱顶、无数柱廊，那些在树间攀缘的藤蔓常常越过小溪，在水面上搭起花桥，真是美丽极了。

在铁路出现以前，密西西比河和它的两大支流俄亥俄河、密苏里河一起，长期占据着交通运输的核心地位。可以说，它是当时美国的经济生命线。河上各种运载旅客和货物的船只，以及船上的领航员、水手，在两岸孩子们的心目中是最神秘、最了不起的人。

密西西比河激发了马克·吐温的创作灵感，并成为他的著作《汤姆·索亚历险记》和《顽童流浪记》的背景场地。此时，密苏里州是联邦的奴隶州，年幼的萨缪尔在此开始了解奴隶制，并发展成为他此后著作中历险小说的主题。

交通运输的发达，带来了密西西比河两岸的繁荣。汉尼巴尔就是这样发展起来的一个城镇。在萨缪尔一家到来时，汉尼巴尔已是密苏里州的第二大城市，上下水班轮都在此停靠。

此时，汉尼巴尔镇有 1000 多居民，镇上开设了两家大型的屠宰场、三四家酒店、3 个锯木厂、4 家杂货店和两家旅馆，以及铁匠铺、皮革厂等，这么多工厂聚集在这里，让这里人声鼎沸，显得很繁荣。

在肯塔基和田纳西没有发挥出才干的约翰·克莱门斯，在汉尼巴尔终于有了用武之地。他被选为了法院的法官。

约翰·克莱门斯是一个严肃、正直而又拘谨的人。在宗教上，约翰·克莱门斯倡导自由，但在为人和执法上，他却是一位刚直不阿的法官。他在审理案件的过程中，不畏权势，不欺压贫民。每一件案件都尽力做到公平、公正。他兢兢业业地工作，很快得到了乡亲们的认可。全镇的人都了解他的高贵品质，因此大家都非常信任他。在初到汉尼巴尔时，约翰·克莱门斯干得很出色。

可是，办事一向谨慎稳健的约翰·克莱门斯，却很快交上了厄运。他把佛罗里达的财产卖给了投机商艾拉·斯托特，然后从这个投机商手里买下了汉尼巴尔的几处房子，并且为艾拉做了保证人。后来，艾拉钻了破产法的空子，宣布自己破产了。这样一来，他的债务就全都落到了保人约翰·克莱门斯的身上。为了还清债务，约翰·克莱门斯甚至卖掉了家里的一些家具和餐具。

因此，在汉尼巴尔，无论当法官，还是担任其他的职务，约翰·克莱门斯都没能从根本上解决家中的经济问题。家里的生活依然很窘困。家人们也过着朝不保夕的艰苦的日子。可是家人并没有因此抱怨太多。

为了缓和家庭经济危机，萨缪尔的母亲洁恩·克莱门斯不得不开办一所寄宿学校，大女儿帕梅拉给人上音乐课，大儿子奥利安则被派到圣路易斯做印刷学徒工，以挣钱来补贴家用。

他们也曾想过要卖掉田纳西的那些土地，但是约翰·克莱门斯舍不得卖掉，他希望那一大片土地能给全家带来收益。至少有那片土地在，他们的日子还能过得踏实一些，至少能让他们内心稍觉有些安慰。

1847年，约翰·克莱门斯法官因自己的声望被提名为马里恩县巡回法庭的书记官，并在竞选中占有绝对的优势。选举应在1847年的8月举行，这对克莱门斯一家来说，无疑是一个天大的好事。当地报纸也报道说，克莱门斯先生受到很多人的支持，因而当选应该是不成问题的。

然而，就在这年 3 月的一天，约翰·克莱门斯骑马去 12 英里外的巴美拉镇，去听取有关他和汉尼巴尔最令人厌恶的黑奴贩子威廉·毕布的法院例会。威廉·毕布在 5 年前买走了他家的女黑奴珍妮，但 500 美元价款却一直没有支付。

在被强制拍卖部分财物后，毕布心生歹念，他要报复约翰·克莱门斯。毕布从杂货铺老板的手中买下了克莱门斯的一张欠款单后，向法院递交了诉讼书，要求拍卖克莱门斯的财产。现在，约翰·克莱门斯正就此事去听取裁决。

3 月的天气显得阴冷无常，天气说变就变。在回家的途中，约翰·克莱门斯不幸遇到了风雪，他骑着马在天寒地冻的雪地里艰难地往回走。约翰·克莱门斯到家后就患了感冒，随即发展为胸膜炎、肺炎。没想到小小的感冒最后发展到不可挽回的重病。1847 年 3 月 24 日，约翰·克莱门斯就在依依不舍中离开了可怜的妻子儿女。而这一年，萨缪尔，也就是后来享誉世界的作家马克·吐温，仅有 12 岁。

约翰·克莱门斯在去世时说的最后一句话是："守住这片地，等待时机，不要给人家骗走了。"在近 50 年的生命里，约翰·克莱门斯经历了太多的坎坷，但是他的心头总是不断地升起希望，促使他执著地追逐自己的理想。可是命运不济，他在几番雨雪过后还是没有机会看见彩虹，尽管他是深受民众爱戴的法官，可是他依然被人算计得很惨，最后含恨而逝。

约翰·克莱门斯将田纳西州的一大片"地上和地下都蕴藏着无穷宝藏的田产"留给了自己的孩子们。但是，他的儿女们没有从这块土地上获得任何收益，因为仅仅在父亲买到这块田地以后的第四年，也就是 1834 年，金融危机爆发了。

在这场风暴中，约翰·克莱门斯的梦想黯然失色了。当他一夜醒来时，发现再也不是什么晴朗的早晨，而是一个充满厄运的时刻。约翰·克莱门斯原来备受尊敬和羡慕，被看做芬屈雷斯县最富裕的公民，因为除了一大片田地之外，别人都猜他肯定拥有不少于3500美元的财产。

但是，现在算起来，家里的"宝贵"财产只值原来的1/4了。当这片土地被处理掉时，比起以前的投资，家里没有一分钱的进账。

关于父亲留下的这块土地，马克·吐温后来经常提起。此外，对于这块土地，还有一个人如老克莱门斯一家一样，热切地盯着这块地，他便是萨缪尔的妈妈所爱的堂兄弟詹姆斯·兰顿。每当詹姆斯提到这片土地时，他就常说，并且说的时候总是那么兴奋，眼睛中闪着亮光，说道："这里边可有几百万啊，几百万！"

马克·吐温的讽刺小说《镀金时代》中的塞勒斯上校，就是以他的这个舅父为原型的。

成名后的马克·吐温认为，自己是这块"田纳西州地产"的唯一受惠者。因为它为马克·吐温的著作《镀金时代》提供了很好的写作背景。他从这部书中总共获得了2万美元的收益。

尽管父亲投资这块地产时，马克·吐温还没有出生，但他却开玩笑地说：这正说明父亲不是故意偏心的。也许正是这块"田纳西州的地产"影响了马克·吐温的一生。以此为素材，他开始尝试进行长篇小说的创作，并且取得了成功。这也是约翰·克莱门斯投资这片土地的意想不到的收获。

约翰·克莱门斯去世后，家里人把田地整顿了一下，一心想把田地卖掉以后，再作其他的安排，当然是想过富足的生活。当时全家一致认为，在大家都能充分地发挥聪明才智并把土地卖掉之前，可以从从容容地休息休息。

于是，一家人租了一间大房子居住。可是没有想到，他们急切盼望着的土地交易令他们很是失望，对方并不想买下全部的土地，而只是想买其中的一部分。而克莱门斯一家是想把土地一次性地卖出去，即使买几万亩也不卖。这样一来，他们就住不起大房子了，只好搬到了比较便宜的房子里。

在父亲逝世后，除了4000多公顷的土地以外，都处理掉了，并没有卖到多少钱。1887年之后，这4000多公顷土地也没有保住，卖掉了。马克·吐温的哥哥奥利安凭着这笔钱，买下了宾夕法尼亚州油区的科里镇上一座房子和一块地皮。

1894年左右，奥利安把这个房子卖了，卖了250美元。田纳西那块寄托着父亲和家人无限热望的土地，就这样在儿子奥利安的手上没了。

关于这宗田产，马克·吐温晚年回忆说：

> 生来就穷是好事；生来就富也是好事——这些都是有益的。可是生来就穷而又有希望变富啊！没有这种经历的人，想象不到这是多大的祸害。

然而，无论怎样，父亲约翰·克莱门斯面对厄运而奋斗不息的精神哺育了马克·吐温，促使他走上了艰苦但又辉煌的人生之路。

深受母亲的影响

在萨缪尔的心中，母亲是一位十分坚强的女性。母亲对于家里不稳定的经济状况显得很坦然，没有过多的抱怨。无论生活多么困苦，她都尽量让孩子们感到安全和舒适。

母亲洁恩没有特别的经历，但是她那仁慈而又可爱的个性，却给马克·吐温留下了极其深刻的印象。马克·吐温从母亲身上继承了许多鲜明的性格特征。

洁恩在40岁的时候，身体很差，邻居们都认为她将不久于人世。但洁恩却一副无所谓的样子，对周围的人和事依然很感兴趣。些许的沮丧，对她来说都是没有听说过的事情。

萨缪尔的妈妈绝对是个热心肠，她的胸襟很是开阔，周围任何人的事情就是她的事情。一次，镇上发生了一起车祸，邻居告诉洁恩，由于一头牛犊的惊扰，有个人从马上摔下来丧命了。

母亲很关切地追问道："那个马驹怎么样了？"她不但对从马上摔下来的人关心，而且她对马的安危也同样关切。

马克·吐温曾这样评价自己的母亲："她的性格犹如阳光般明朗，她整个漫长的一生都像过节一样。"

母亲洁恩说起话来爱拉长腔调，一副慢条斯理的样子，很是好笑。而马克·吐温在后来作为一个演说家，便借鉴了母亲的这种说话方式，引人发笑，效果很好。

据说，有一回洁恩·克莱门斯夫人乘火车，旁边有两个人在争论马克·吐温究竟出生在何地。

洁恩听了，告诉他们说是在佛罗里达，并说："我是他的母亲，我应该知道他生在什么地方。生他的时候我在场。"

洁恩是长老会的教徒，但是她不狂热，从不把宗教信仰当成自己生活中的一种负担。她曾说："宗教是一大罐水，我只能喝下一瓢。"这可真是一个精辟的观点。

关于洁恩嫁给约翰·克莱门斯，还有一个小小的插曲。据说，洁恩在同约翰·克莱门斯结婚前，她爱着年轻的医科大学生巴雷脱。但是因为她一时的任性，伤害了巴雷脱的自尊，于是巴雷脱转身就走了。

洁恩为了证明自己对此毫不在乎，也为了堵住街坊邻居的嘴，于是她便嫁给了年轻好学的律师约翰·克莱门斯。婚后的日子虽然过得有些艰苦，但是他们彼此学会了相互体谅和和睦相处，家庭生活也比较融洽。

在洁恩82岁时，她住在克勒克城。有一天，不知为什么，她坚持要参加密西西比河谷的老居民大会。虽然路途有些远，但是，已是高龄的洁恩·克莱门斯夫人一路上非常地兴奋，其热切的心情仿佛使她又回到年轻时代。

洁恩一到旅馆，她就急切地就打听路易·巴雷脱医生的消息。得知他当天早上就回家了，而且不再回来，洁恩一下子没了兴致，转头就要回家。

回到家后，洁恩默默地坐着，在沉思了几天后，她才告诉马克·吐温他们，她18岁时，曾经真挚地爱过一位学医的青年学生。不料后来发生了一次误会，他就出国了。而她闪电般结婚，就是为了表示她对这段爱情的不屑。

从那以后，洁恩就再也没有见到过巴雷脱。然而，她从报纸上得知巴雷脱将参加今年的老居民大会，于是她就想与他见上一面。

"要是早到3个小时，我就能在旅馆见到他了。"母亲洁恩叹息地说道。

那年快要结束时，母亲洁恩的记忆力开始衰退。她写信给已经过世40年的老同学，而不明白他们为什么从不回信。4年之后，洁恩就离开了人世。

马克·吐温的母亲直至离去，都保持着说话能力。母亲以前总是对马克·吐温说，在他出生的头7年，身体多病，主要是依靠药物才活下来的。

在她临死的那一年，马克·吐温又问起了这个事，他说："我想那几年，你肯定一直很替我担心的？"

"是的，一直担心。"母亲说。

"怕我活不下来？"马克·吐温问道。

母亲思索了一下，假装想回忆一下，然后说："不，怕你活下来。"看，多么可爱又诙谐的母亲。

洁恩生性仁慈，心地宽阔，对人和动物都很亲善。有一天，在圣路易斯的街道上，她遇到一个长得很是粗壮的马车夫，正用鞭子把儿狠命打马的头部。于是，洁恩立即冲了上去，夺过了他手中的鞭子，并最终说得那个车夫自惭形秽，并答应以后再也不这样虐待马匹了。

对于那些不会说话的动物，洁恩就是它们的朋友。正像马克·吐温所描述的那样：凭着某些微妙的迹象，那些无家可归、被人追赶、搞得一身脏臭、惹人讨厌的猫，一眼就看中了她，认定母亲天生会庇护它们，于是就跟着她走进了家门。

马克·吐温清楚地记得，在1845年的时候，家里一度有19只猫。其中没有一只是优良品种，或者有什么惹人喜爱的长处，只不过像通常那样，它们的运气不好罢了，这才使得母亲收留了这些可怜的猫。

但是，洁恩拒绝让任何动物在笼子里生活，至少在她的家里是不允许的，她甚至不允许家人去妨碍一只老鼠的来去自由。

除了拥有仁慈之心，洁恩有时还格外地坚强、勇敢。有一天，镇上的一位无赖汉拿着根绳子，在街上追赶他的已成年的女儿，扬言要把她捆起来。

洁恩听到了追赶声，她就敞开家门，让那姑娘逃了进去。洁恩非但没有关门落锁，反而站在门口，堵住那家伙的路。无赖汉威吓她，骂她，洁恩就是不动，毫不退缩。同时，洁恩也羞辱无赖汉，骂他，令他败下阵来。后来，无赖汉称赞洁恩是他见过的最勇敢的女人，此后他们竟成为了好朋友。

这件事深刻地印在了马克·吐温的脑海里。他不仅赞叹母亲的勇敢，而且在以后的生活中也以母亲为榜样，使自己成为一名极有正义感的勇士。

洁恩还很注意用生活中的小事情教育孩子。正如马克·吐温所说，母亲说的都是很平凡的话，用的是平凡的字眼。可是这些平凡的话却深深地打动了马克·吐温的心。这种教育是真诚而淳朴的，最能浇灌孩子们幼小的心田。

当时，一个家庭里通常都会雇几个黑人帮忙做家务，但因为萨缪尔的家境不是很好，所以只雇了一个小黑人，他的名字叫桑迪，是从哈内波尔买来的，而他又是从马里兰某地被贩卖来的。

桑迪做事总是拖拖拉拉的，每项工作都要花上比别人多上一倍的时间才能完成。因此，他常常成为萨缪尔搞恶作剧的对象。

桑迪天真活泼，他来到萨缪尔家后，整天地唱歌、吹口哨，喊叫、大笑，很是快乐。

而在萨缪尔看来，桑迪总是疯疯癫癫、吵吵嚷嚷的。

终于，萨缪尔被吵烦了，他跑到母亲那里告状，说："桑迪整整唱了一个小时了，我再也受不了了！请你让他闭嘴！"

这时，萨缪尔看到母亲的眼里流出了泪水，她语重心长地说："可怜的孩子，他歌唱的时候对我来说很欣慰，因为他忘记了自己的苦难。他安静了，我想他一定想起了自己的妈妈，他再也见不到他的妈妈了。孩子，等你长大了，你就会明白，听一个孤寂的孩子的歌声，会令你欣慰的。"

在一个风和日丽的早上，桑迪坐在树下，望着远方发呆。萨缪尔看见了，以为桑迪又再偷懒了，于是想要捉弄捉弄他。母亲看出了萨缪尔的意图，于是出面阻止他说："可怜的桑迪唯一的亲人去世了，整个人变得无精打采的。萨缪尔，你可不能又捉弄他！"萨缪尔懂事地点点头。

没隔几天，萨缪尔看到桑迪恢复了以前的样子，哼着小曲，很悠闲地工作。心想：无情的桑迪，亲人才死没多久，就不再悲伤，还那么快乐！

萨缪尔向母亲说出了自己的想法，母亲摇摇头，对他说："其实桑迪是个勇敢的孩子！发生那么大的事，一个人默默地承受。看着他前几天老是发呆，不哭不笑的，我还真替他担心呢！现在他总算度过那段最伤心的日子，我们应该为他感到高兴才对啊。"

母亲这些意味深长的话，使马克·吐温懂得了桑迪的心情，同时也使他更了解了自己善良的母亲。

马克·吐温在晚年回忆母亲时，他这样写道：

> 她体型瘦小，但心地宽宏。宽宏到对每个人的痛苦和每个人的幸福都装得下。

耍小聪明的男孩

在克莱门斯一家搬迁到汉尼巴尔时，此地还是一个刚开发不久的小镇，到处都呈现出一片美丽的自然景象。

汉尼巴尔镇毗邻密西西比河，镇后是一片绵延起伏的山峦，山上有密林、山洞，还有各种可爱的小动物。这里四季如夏，你可以看到树林、山峦和奔腾的河流，还有头戴草帽的孩子们在河边钓鱼。

隔着密西西比河是伊利诺伊州广阔的平原，那里有马克·吐温终生难忘的约翰姨夫的农场。奔腾不息、气势磅礴的密西西比河是马克·吐温童年时代同小伙伴们嬉戏玩耍的天然的游乐场。

萨缪尔 4 岁半开始上学，此时当地还没有公立学校，只有两所私立学校，学费是每人每周 2 角 5 分。萨缪尔先是在霍尔太太办的学校里上学。

在上学的第一天，萨缪尔第一次听到别人把自己的名字连成一串地叫出来，此时他还没有意识到事情的严重性，但是其他同学都知道，霍尔太太如果叫一个小孩全名的时候，事情就一定不妙了。

原来，刚上学的萨缪尔还没有理解校规是什么意思，他就破坏了一条校规，并受到霍尔太太的警告，不得再犯，否则就要挨鞭子。不一会儿，年幼的萨缪尔又不经意间违背了校规，于是霍尔太太便让萨缪尔自己出去找一根枝条来。这让小萨缪尔感到很高兴，因为他认为自己能比别人更审慎地找到一根合适的枝条来。

在烂泥浆里，小萨缪尔找到了一个箍桶匠用橡木刨出来的那种旧式的木块，宽 5 厘米，厚厚的，一头弯曲处有点儿鼓起来。附近还有些新刨的木块，但是萨缪尔取了这一块，虽然已经有点儿烂了。

　　萨缪尔把这根有点腐烂的木条递给了霍尔太太后，恭顺地站在她的面前，想争取她的好感与同情。但是，霍尔太太只是看了看木条，便生气地说道："我真替你害臊，看来找枝条这样的事，我得派一个比你判断力强一点的人去干。"一听霍尔太太这话，在场的许多孩子的面孔立即焕发出光彩来，各个跃跃欲试，他们都希望能被指派去干这件事。最后，霍尔太太指派吉姆·邓拉普去找枝条回来。

　　接到命令，吉姆飞快地跑了出去，很快他就找到了一根粗硬的枝条回来，交给了霍尔太太。看到这根枝条，小萨缪尔不得不承认，吉姆确实是一个行家。

　　霍尔太太是一位来自新苏格兰的中年妇女。这位虔诚的基督徒力图用《圣经》来塑造孩子们的心灵。可是天性活泼的萨缪尔对喋喋不休的祈祷和晦涩难懂的《新约》，一点儿都不感兴趣。

　　开学的第一课，霍尔太太总是以祈祷和读一章《新约》开始，她还扼要地把这一章解释了一下。有一次解释的时候，她讲了原书所说的"祈求，你就会得到"。她说，不论谁，只要祈祷时是真心实意的，就不用怀疑祈祷会得到允准。

　　小萨缪尔对这个说法，印象极为深刻，对祈祷能提供这样好的运气非常高兴。这是萨缪尔平生第一次听到这个说法，于是他就想试一试。此时，小萨缪尔对霍尔太太的话简直深信不疑，对祈祷的结果也没有任何的怀疑，他祈祷能得到一块姜饼。

　　姜饼是一种古老的食物，最早可见于古罗马帝国时代，一本叫《罗马帝国的烹饪和用餐》的烹饪书中。姜饼的主要原料就是"姜"，吃起来味道还不错。

　　后来，通过一件事情，小萨缪尔得出了自己的结论。他每天都能得到一块姜饼，因为班里有一个面包师的女儿，她每天早晨都带一块姜饼到学校去。以前，她总是不让人看到她那块姜饼。可是萨缪尔在祈祷完毕后，就见到了这块姜饼，一伸手就可以拿到。而此时，小姑娘却正向别处张望着。

在此后的两三天里，小萨缪尔的祈祷虽然和镇上别的人一样虔诚，可是却毫无结果。他发现，祈祷再灵验，也不能把那块姜饼再一次往上举起来。于是，小萨缪尔得出一个结论：一个人如果一心想着姜饼，眼睛盯着姜饼，就不必在祷告上面花费工夫了。

但是，终于有一天，母亲发现小萨缪尔有些不对劲，于是就问他是怎么一回事。小萨缪尔一边流着泪，一边向母亲道歉，他认识到自己只是为了得到好处才做个基督徒的，这样做太卑鄙了。慈祥的母亲把小萨缪尔抱在了怀里，安慰着这个不懂事的孩子。

在小萨缪尔一家所住的村子里，有一座木料搭建的教堂，地板是用短木料铺成的，里面放着几张长条凳。地板之间的缝隙没有填平，更没有什么地毯，所以要是掉下比桃子小的东西，很可能就会从缝隙中掉下去。

整个教堂的地板，高出地面两英尺，猪就可以睡在下面。冬天，地板缝里会吹来冷飕飕的凉风。夏天，里面则活跃着许许多多多的跳蚤。

在教堂的墙上挂着锡器龛灯，里面点着黄色的牛油蜡烛，作为教堂里的照明。你可别小看这个教堂，它不仅是全村最好的建筑，而且还有多种用途。这里除了做礼拜外，还用来作为教室。

在小萨缪尔看来，教堂是一个最沉闷、最没意思的地方。可是，笃信宗教的妈妈不这么认为，她总是督促萨缪尔去教堂里做祈祷。为了不使妈妈伤心，他只好去教堂里找点让自己感到有意思的事情干。

虽然小萨缪尔总被安排在远离窗外诱人景物的地方，但却不妨碍他的思想自由自在地飞翔。他想他的小伙伴们，想着山峦和河流，想着与大自然亲近的快乐时光。

萨缪尔后来从霍尔太太那个私立学校转入了道森先生在一所木板房里开设的学校。在这种学校里，传授的是《圣经》中的经文、教义，单调、沉闷、刻板，萨缪尔对此更是毫不感兴趣。他向往着室外阳光下焕发着勃勃生机的大自然。这个长着大脑袋，一头红色头发，一双透着机灵的灰眼睛的小男孩，人虽然坐在教室里，但是心却在外面的世界。

萨缪尔少年时最讨厌而又最感敬畏的就是礼拜天去教堂。这对于向往自由的他来说，简直就是活受罪。在去教堂之前，首先要洗漱干净，穿戴整齐，一路上还要规规矩矩的。然后在教堂里端坐着，听上一两个小时的乏味的布道。

在牧师那充满激情的布道声中，萨缪尔总显得有些心不在焉，想着有什么好办法可以使自己不打瞌睡。但是，无论他怎么不愿意，他知道在牧师做祈祷时，一定要保持安静。

有一次，正当牧师专心致志地做祈祷时，一只小飞虫落在了萨缪尔前面人的后背上。只见这只小飞虫的两只前腿一上一下互相搓来搓去，一会儿又伸出两只前腿抱着头，好像在拉着自己的脑袋。萨缪尔有些担心地觉得它的脑袋和身子就要分家了，它一会儿又用后腿去梳理翅膀，小飞虫旁若无人地做着这一切，仿佛这里是一个十分安全的地方。

萨缪尔只给了这只小飞虫一小会儿的安全时间，他慢慢地伸出手去，小飞虫顷刻之间已经被他抓在了手心里。这时，旁边的妈妈看见了，叫他把小飞虫放掉。

小萨缪尔讨厌去教堂，因此最好的办法，就是尽可能地躲掉。为此，妈妈时时要考察萨缪尔是否去过教堂。她会问他当天讲的是《圣经》上的哪一段。于是萨缪尔就自己挑上一段，背给她听。这招一直能蒙混过关，直到有一次他背的内容与上了教堂的邻居说的不一样，才彻底败露了他的谎言。于是，小萨缪尔就采取其他办法，以对付妈妈更加严格的检查。

拥有纯真的情谊

转眼，萨缪尔该上小学了。乡下的小学，离萨缪尔姨夫家的农庄只有 4.8 英里。学校在林中一片新开的地方，能收 25 个孩子。

夏天，孩子们一般一周上两次学，趁早上天气凉爽，沿着林中小道走去。傍晚的时候，在暮色中回家，避免了炎热的困扰。学生们都把中午的饭放在篮子里，有玉米饼、乳酪，还有其他一些好吃的东西。中午，大家都坐在树荫下吃午饭，这是萨缪尔所受教育的一部分。

实质上，在佛罗里达私立乡村小学校的学习生活，对萨缪尔来说是非常短暂的。然而，这十分单调乏味的宗教信条教育和宗教的虚伪性，却给他留下了难以磨灭的印象。

30 多年后，马克·吐温在他的著名长篇小说《汤姆·索亚历险记》里，塑造了一个专门和学校校长、教堂牧师作对的儿童汤姆·索亚，通过这一艺术形象，表达他对否定人性、摧残儿童身心健康的宗教教育的强烈不满。

少儿时，萨缪尔有几个很好的玩伴，最要好的朋友就是威尔·鲍温，他比萨缪尔小 6 个月，萨缪尔想出的许多异想天开的玩法，都得到了威尔·鲍温的热烈响应。约翰·布里格斯比萨缪尔小一岁半，玩起来很具有冒险精神。汤姆·布兰肯希普，比萨缪尔大 4 岁，是小朋友们最羡慕的人。

汤姆的母亲早就去世了，父亲是一个酒徒，他挣来的钱全被自己送进了酒馆老板的腰包里了。因为他无法改变当时的恶习，致使家庭生活十分困窘。汤姆的父亲只好带着 8 个孩子，挤在了克莱门斯家紧邻的一座牲口棚里。

因为没有钱，汤姆总是衣衫褴褛的，他没有衣服，也没有鞋子穿。同时，他也不用上学、上教堂，可以随心所欲地到处玩。镇上的大人不让孩子们跟汤姆玩，汤姆毫不理会。密林、大河，让汤姆拥有很多的聪明机智，他会在树林里捉小动物，在田野里采野果，到河边钓鱼或者下河游泳。汤姆待人很和气，又有那么多让人兴奋不已的本领，所以萨缪尔和小伙伴们都非常喜欢同他做朋友。

为了离开枯燥的学校，逃学对萨缪尔来说就是一件经常的事。有一次，萨缪尔和小伙伴们跑到了镇后的霍立第山上，那上面有一块孤悬着的巨石。他们设法掏空了巨石四周的泥土，然后一起用力将巨石推下了山崖。

巨石瞬间冲下山去，一路上发出"轰隆隆"的声响，速度也越来越快。最后，这块巨石一下子冲进了镇上一家铜匠铺里，把铺子砸了个乱七八糟，好在没有伤到人，否则，萨缪尔和小伙伴们就闯下了大祸。

还有一次，因为逃学，萨缪尔被妈妈罚去刷围墙。围墙有 30 米长，比他的头顶还高出许多。他把刷子蘸上灰浆，刷了几下，一看，刷过的部分和没刷的相比，就像一滴墨水掉在了一个球场上。于是他灰心丧气地坐在了地上。

这时，萨缪尔的小伙伴桑迪提了一只桶跑过来。萨缪尔灵机一动，对桑迪说："桑迪，你来给我刷墙，我去给你提水。"他建议说。

桑迪有点动摇了。于是，萨缪尔又说："还有呢，你要答应，我就把我那只肿了的脚指头给你看。"

桑迪经不住诱惑，于是就好奇地看着萨缪尔解开脚上包的布。可是，最终桑迪还是提着水桶拼命地跑开了，因为萨缪尔的妈妈正在瞧着呢。

随后，萨缪尔的另一个伙伴罗伯特走过来，嘴里还啃着一只大苹果，引得萨缪尔直流口水。突然，萨缪尔十分认真地刷起墙来，每刷一下，都要打量一下粉刷的效果，就像大画家在修改作品一般。

"我要去游泳。"罗伯特说，"不过，我知道你去不了。你得干活，是吧？"

"什么？你说这叫干活？"萨缪尔大叫了起来。"要说这叫干活，那它正合我的胃口，哪个小孩能天天刷墙玩呢？"萨缪尔边说边卖力地刷着，一举一动都显得特别的快乐。

罗伯特看得入了迷，觉得吃苹果也不那么有味道了。于是，罗伯特急切地说："嘿，让我来刷刷看。"

"我不能把活儿交给别人。"萨缪尔拒绝了。

"我把苹果核儿给你。"罗伯特开始恳求。

"我倒愿意，不过……"萨缪尔犹豫着说。

"那我把这苹果给你！"罗伯特更加急切地说。

小萨缪尔终于把刷子交给了罗伯特，自己则坐到阴凉处吃起苹果来，看罗伯特为这来之不易的权利刷着墙。

一个又一个男孩子从这里经过，高高兴兴地想去玩，但是他们看到罗伯特那么用力地刷墙，他们都来了精神，个个都想留下来试一试刷墙的滋味。

为此，小萨缪尔收到了不少交换物：一只独眼的猫，一只死老鼠，一个石头子，还有4块橘子皮。

在萨缪尔10岁那年的夏天，麻疹病在汉尼巴尔镇蔓延，夺去了许多幼小的生命。胆战心惊的母亲们都把自己的孩子关在了家里。

对于这种隔离，萨缪尔简直是烦透了。他甚至想快点被传染上，不管是吉是凶，赶快脱离这种在死亡威胁下的难挨的生活。

一天，萨缪尔偷偷地离开家，溜进了正患麻疹病的好朋友威尔·鲍温的家。正当他东张西望地怕被人发现时，鲍温太太便出现在了他的面前，严厉地教训了一顿萨缪尔后，把他赶了出来。但是，萨缪尔仍未死心，他再次溜了进去，趁人不注意潜入了威尔的病房，随后他一动不动地躺在了奄奄一息的好朋友威尔的身边。

结果，萨缪尔被鲍温太太发现了，她十分生气地把他从床上拽了起来，然后紧紧地揪住他的衣领子，把他押送回家，交给了他的母亲。可是，母亲洁恩对这个狼狈不堪的不听话的孩子，一点办法也没有，因为他总是这样的调皮，让人实在是很费心。

不久，萨缪尔便得了严重的麻疹，医生在看过后，说他也无能为力了。在为小萨缪尔祈祷时，医生把一袋袋发烫的灰撒在了他的胸膛上、手腕上，也撒在了他的膝盖上。令大家感到异常惊讶的是，在这种方式的祈祷中，萨缪尔竟然奇迹般地活过来了。这场劫难，让萨缪尔始终记忆犹新，难以忘怀。

爱搞恶作剧的孩子

夏天，萨缪尔最爱去的地方就是河边。他和小伙伴们用自制的鱼钩钓鱼，或者在河里畅游一番，从河底抓起一些石子瓦片或其他杂物，来比试本领。

萨缪尔并不是一个天生的游泳健将，他曾被淹过好几回。有一天，萨缪尔在一根松散开的原木上玩耍，他还以为原木是绑在木排上的，然而事实并非如此。原木一歪，他就毫无防备地掉进了熊河之中。萨缪尔两次没进了水里，当他露出水面后，就要第三次致命地没入水中时，他的手露出了水面，让一个路过这里的女奴一把抓住了，把他拖上岸来。

然而，不到一个星期，萨缪尔又掉进水里去了。恰在这时，有一个学徒走了过来，他见情况紧急，于是往水中纵深一跃，就潜下水去，在河底里到处摸，终于找到了萨缪尔，把他拖出了水面。把萨缪尔拖上岸后，这个学徒又把他肚子里的水挤出来。就这样，萨缪尔又逃过了一劫。

此后，在萨缪尔学会游泳以前，他7次掉进了水里，都险些丧命，1次在熊河，6次在密西西比河。

但是，落水的危险经历对于喜欢冒险的萨缪尔来说，并没有对他产生多大的影响，但却引起了母亲的高度警惕。母亲洁恩把河湾划为禁区，把萨缪尔的衣服领子用针线缝好。而萨缪尔却总有对付妈妈的办法，他下河游过泳后，用事先预备的针线把领子重新缝好，以躲过妈妈的检查。

有一回，萨缪尔已经接受了母亲严格的检查。可是，万万没想到的是，一直坐在一边看书的弟弟亨利，突然间插话说："妈妈，您缝他领子时用的是白线吧！"

"白线？对啊，我用的是白线啊！可现在你领子上缝的是黑线！"如此一来，这次是真的躲不过去了，萨缪尔被妈妈当即揍了一顿，外加星期天晚上到教堂去。

对于比他小两岁的弟弟亨利揭发自己所犯的失误，小萨缪尔总想找机会报复一下。在屋外有一个扶梯通过二楼的后面。有一天，萨缪尔指派亨利做一件事，于是亨利就拿了一只铁桶去了。萨缪尔知道他要爬这个楼梯，于是他就走上去，从里面将门反锁起来。

然后，萨缪尔下楼来到园子里。此时，园子刚刚被犁过，遍地都是结实的泥土块，萨缪尔很快收集了不少土块。随后，他拿着这些泥土块，埋伏在楼梯口。萨缪尔在那里静静地等着，等到亨利上了楼梯，走近楼梯口，实在无法逃脱时，萨缪尔就朝他扔泥块。

此时，亨利只能用铁桶抵挡陆续飞来的土块，可是怎么也挡不住，因为萨缪尔打得很准。有一些泥块还打在了屋檐板上，这就使得妈妈不得不出来，看看究竟发生了什么事。

为了逃脱惩罚，萨缪尔解释说，他只是逗亨利玩的。一听这话，妈妈和弟弟马上都追赶他，然而萨缪尔却能迅速地爬过高高的木板栅栏，逃之夭夭了。

亨利虽然是一个老实听话的孩子，但他有时也会以其人之道还治其人之身。他会趁萨缪尔不注意的时候，攻击他，而亨利这回用的却是石块。

马克·吐温后来回忆说，在遭到"袭击"后，他的脑袋边上肿起一个大包来，像阿尔卑斯山上的马特霍恩峰一样。当萨缪尔到妈妈那里去告亨利的状时，妈妈却并未对他表示丝毫的同情。

马克·吐温在谈及这些事情时，他说："我想，她的想法是像这类事，如果我能多遇到一些，最终会使我改好的。"

亨利是一个很乖很听话的孩子，他从来不偷糖吃，而是公开到钵子里去取。妈妈相信，如果她不在旁边看着，亨利是不会拿糖吃的，但是她倒是怀疑萨缪尔会在她不在时去拿。

有一天，妈妈不在房间的时候，亨利从妈妈那珍贵的老式英国糖钵里拿了糖，不小心把糖钵给打碎了。这使萨缪尔感到很高兴，因为他终于找到了告亨利一状的机会了。

等到妈妈进来时，看见打碎的钵子，她一时间竟说不出话来了。萨缪尔故意保持沉默，等待着妈妈的发问。可是她沉默了一会儿之后，什么也没说，而是用她那针箍在萨缪尔的脑袋上猛击了一下，这让萨缪尔从头到脚都感到很痛。

因为受到了冤枉，萨缪尔大声地跟妈妈辩解着，以为妈妈会因为错怪他而感到羞愧，期待着她会有一些懊悔的表示。可是妈妈却无动于衷地说道："没有什么，这算不上什么。你反正会做些让我看不到的事，这是你应得的。"

后来，马克·吐温把打破糖钵的事情，详细地写在了《汤姆·索亚历险记》里。不过，这件事的结尾有一点儿改变，就是菠莉姨妈了解到不是汤姆打破糖钵之后，感到很内疚。马克·吐温也许想通过这种叙述说明，坏事不一定总是坏孩子干的。

萨缪尔不仅淘气，而且还对许多朋友搞过近乎残酷的恶作剧。有个叫吉姆·沃尔夫的孩子曾在萨缪尔家生活过很长的一段时间。吉姆·沃尔夫快17岁了，他是谢尔比维尔人，那是个小村子，离汉尼巴尔有八九十公里。吉姆带来了当地人的温柔、文雅与朴素的性格。

吉姆十分老实，他最害怕的就是黄蜂。有一天下午，萨缪尔发现吉姆卧室的窗上爬满了黄蜂，于是他就计上心来。吉姆总是靠着窗户的那头睡的，于是萨缪尔将床单掀过来，忍着叮蜇的疼痛，将黄蜂赶下来，然后用床单盖好，随后在床的中央划了一道深深的界线，把它们困在吉姆常睡的那一边。

到了晚上，萨缪尔提议和吉姆一起睡，吉姆很高兴地答应了。萨缪尔先上了床，弄清自己要躺下的位置，随后趁着吉姆准备上床时，把蜡烛吹灭了。吉姆一边上床，一边和他闲扯了几句，可萨缪尔什么都无法回答，因为他正用被子堵住嘴巴，使自己不至于笑出声来。

突然，吉姆的身子抽动了一下，接着又是一下，吉姆捂住了口，用手摸索了几下，然后又"哎呦"地大叫一声。萨缪尔当然知道那是怎么一回事，可是他尽量避免发出声音，因为一张口就会笑出来。

"床上有什么东西，快把灯点上。"吉姆急切地说。

萨缪尔下床把蜡烛点燃了。吉姆掀开床单，对着烛光一看，"啊?! 黄蜂!"他大惊失色地叫着，一边狠狠地将可恶的黄蜂打个稀烂。

此时，萨缪尔实在是忍不住了，在床上闷声地笑起来。吉姆朝他看了一眼，但没说什么。打完黄蜂后，吉姆吹灭了蜡烛，上床睡觉，假装没事似的。

然而，做了亏心事的萨缪尔却怎么也睡不着，也不知过了多久，他终于进入了梦乡。可是，到了半夜，萨缪尔突然感到身上有什么东西压着，他被弄醒了。睁开眼一看，原来吉姆正用力抵住他的胸口，使劲地揍他。

萨缪尔再也忍不住了，他放声地大笑起来。但是，笑的同时，他也必须承受痛打后的浑身疼痛。

当然，萨缪尔年少时搞得恶作剧有很多。在他的记忆中，他讲幽默故事的第一位听众是吉米，讲的是关于吉姆·沃尔夫和猫的故事。

吉姆长得有些文弱，为人可靠、诚实，又有些怕羞。在女性面前，他总是显得有些局促不安。即使在萨缪尔的善良的妈妈面前也是如此，更别提跟女孩子们说话了。

在一个冬天的晚上，萨缪尔的姐姐帕梅拉举行一个青年男女参加的糖果会。萨缪尔和吉姆没有参加这个聚会，而是早早地上床睡觉了。吉姆房间的屋顶上的积雪已经有 20 厘米深了，雪冻起来，就像玻璃一样光滑。

在屋檐下，爱闹爱玩的年轻男女把装有饮料和滚烫的糖食的托盘放在冰冻的地上凉一凉，大家在一起说说笑笑的，好不热闹。

屋脊上是猫们经常聚集的场所。这时，一只老猫爬到了烟囱上，不停地叫了起来，让萨缪尔实在睡不着了，于是就来到了吉姆的房间。吉姆此时也没有睡着，正在为讨厌的猫叫声而生闷气呢。

一看吉姆的情形，萨缪尔的头脑中又产生了一个鬼主意。他以嘲笑的口吻问吉姆："你为什么不爬出去把猫赶走呢。"

一听这话，本来已经心烦的吉姆就真的发脾气了。他一把抓住萨缪尔的棉线袜子，动手把窗子推上去，怒气冲冲但又有些声音颤抖地说道："你以为我不能！请你看看你在责怪什么，我才不在乎你怎么想呢。我现在就给你点儿颜色看看！"

可是，窗子总是往下掉，这下吉姆更火了。于是萨缪尔说："没关系，我帮你托住好了。"其实，萨缪尔只是一心想看吉姆的好戏。

只见吉姆小心翼翼地爬了出去，贴着窗口，站稳了脚，然后沿着光滑的屋脊，小心谨慎地爬着往前走。那些可恶的猫，正在烟囱上直直地坐着，不时地打量着这个男孩子，但却丝毫没有准备逃跑的意思。

当然，此时正在葡萄顶棚下玩耍的年轻人对屋顶上所发生的事情并不知晓。再看屋顶上的吉姆，他每前进一步，就要滑倒一下。但是，他依然坚持着往前爬。最后，他终于能够得着这些讨厌的猫了。吉姆稍微歇了歇，然后小心地站起来，随即朝那些靠得很近的猫一抓。结果猫轻巧地躲开了，没有被抓住。

但是，吉姆由于用力过猛，身体瞬间失去了平衡。只见他四脚朝天地"刷"的一下从屋顶往下冲，然后冲过枯藤，最终掉进了那 14 个盛着滚烫糖食的托盘里。

此时，正在说说笑笑的年轻人，被这从天而降的物体吓了一大跳，一时间混乱起来，只听见姑娘们一声声的尖叫。吓得不轻的吉姆赶忙爬起来，冲上了楼梯，只见糖水还在不时地从他的身上滴落下来。

第二天早晨，萨缪尔就迫不及待地把这段趣闻讲给小伙伴吉米·麦克丹尼尔，吉米听后，乐得前仰后合。萨缪尔以前从来没有这么得意过。

长大后的萨缪尔写了许多有趣的小说，讲了许多幽默的故事，人们听后，总会情不自禁地发出笑声。

多年以后，《星期日信使》周刊邀请已成名的马克·吐温写些文章，于是他就写了《吉姆·沃尔夫和猫的故事》，他因此还赚到了钱。

但是，让人没想到的是，一两年后，《吉姆·沃尔夫和猫》被人改头换面，在田纳西的一家报纸上发表了。故事是假托以南部土话写的，剽窃者此时在西部还享有盛名。

谁知，几年过去了，马克·吐温写的原来的故事又突然出现了，以原来的拼音到处流行，上面有"马克·吐温"的名字。随后，先是一家报纸，后来又有另一家报纸竭力攻击马克·吐温，说他从田纳西那个人那里剽窃了《吉姆·沃尔夫和猫》。

马克·吐温遭到了一顿莫名其妙的痛骂，但是他根本就不在乎，因为此时的马克·吐温已经明白了这样一个道理：遭到诽谤，还大事张扬，那是不聪明的，除非张扬起来能得到很大的好处。

少年时代的萨缪尔，经常搞些恶作剧，他有时也真心为自己的恶习祈祷过，想彻底地悔改，但不知为什么，他又总是回到顽皮的秉性上去。

小时候的马克·吐温，并不懂得恶作剧不仅是极其愚蠢的，而且也是不光彩的，他只知道闹着玩。

马克·吐温在晚年时，回忆起他童年时代搞的这些恶作剧，他说道：

> 　　在人一生的 3/4 的时间里，我一直对恶作剧者无比蔑视
> 与厌恶。我瞧不起他，就像我瞧不起别的罪犯一样。
> 　　每当我对恶作剧者作评论的时候，一想到我自己曾是个
> 恶作剧者，我的痛苦似乎非但没有减少，反而更增加了。

　　从这段话中，可以看出，马克·吐温对自己少年时代搞得这些恶作剧是怀有歉疚之情的。他也会为自己的恶作剧给人们带来的损害而感到后悔不已。但是，谁又不是在淘气顽皮中逐渐长大的呢？就像现在人们常常提到的，如果不是聪明的人，是不会淘气，也不会搞恶作剧的。每个喜欢搞恶作剧的孩子，他们的脑子绝对不是简单的东西。越是淘气，将来越会取得更大的成就。马克·吐温就是这样的孩子。

在农庄的快乐生活

在佛罗里达附近,有一处萨缪尔的姨父约翰·夸尔斯的农庄,这是一个令萨缪尔终生难以忘怀的地方。那时候,萨缪尔每年都要在农庄里待上几个月。农庄不仅永驻在他的脑海里,而且还留在了他的许多作品中。

萨缪尔儿时希望亲近大自然的愿望,在姨夫家的农庄里得到了充分的满足。那是一个环境幽美、风景秀丽的庄园,浓郁的果林把逶迤的小丘装扮得葱茏苍翠,蜿蜒的小溪在碎石嶙峋的河床上潺潺地流淌,树林深处还不时地传来悦耳的鸟鸣声,草丛之中常有野生动物跳来跳去……

每到夏天,萨缪尔就兴高采烈地跑到农庄里,同白人小伙伴和黑人孩子一起游泳,捕捉响尾蛇,采集山落。

马克·吐温曾满含深情地回忆起在农庄生活的日子。夏天,在屋外阴凉的地板上吃着丰盛的食物,有油炸子鸡、烤猪肉、野火鸡、家养火鸡、鸭子、鹅,还有现宰的鹿肉、松鼠、兔子、野鸡。

此外,还有热的奶油酱饼子、荞麦饼子、小麦面包、面包卷、玉米面包、煮的鲜嫩玉米。还有园子里现摘的西瓜、甜瓜、香瓜。食品真是丰富极了,都不知该从何处下口,让人口水直流。

对于挑选西瓜这个问题,萨缪尔的经验十分丰富,他知道最好的西瓜在瓜藤的下面,在太阳底下西瓜将曝晒成什么瓜色。他甚至不用敲打一番,就知道西瓜是不是熟透了。

摘下来的西瓜放在盛满水的盆里冰一冰,盆子就放在床底下。桌子摆在正屋和厨房之间的走廊上,把西瓜放在桌子上,萨缪尔和堂兄弟们就围着桌子，盯着西瓜，心里都在盘算着吃上一大块。只见一刀下去，"啪"的一声，西瓜被分成两半儿，红瓤黑子，色彩鲜明，甜甜的汁水欲滴。随即，每个人迅速地抓起一块西瓜，埋头啃吃起来。只见每个孩子的嘴里都塞满了西瓜，眼睛里流露出无尽的快乐与满足。

姨父家的农舍位于大院场的中心。院场三面用栅栏围起来，后边有高高的篱笆。正对面是储藏熏肉的屋子。围篱的外边就是果园，只要你想吃，顺手摘下来，擦一擦，然后咬一口，果实的鲜美就会浸入脾胃，那真是一种美妙的享受。在果园外，则是黑人的住处和种烟草的地。

在院场的正前方有一个栅栏，是用锯断了的原木拦起来的，原木一根比一根高。在院场前面的一个角落里，栽着10多棵高高的胡桃树。每当收获的时节，枝头上总是挂满了鲜美的果实。

萨缪尔很喜欢吃胡桃。有一年，在一个有霜的早晨，萨缪尔又来到树林里找胡桃吃。此时，从农庄里跑来几头小猪，它们哼哼唧唧地跑进树林，在胡桃树下拱来拱去，大口嚼着胡桃。

萨缪尔一看，这可不行，再这样下去，自己就没有胡桃吃了。于是他盯着地上，心急地找着胡桃。忽然，一阵风吹过来，胡桃落在了他的头上，滑落下来，他立刻捡起来，擦了擦，随即就迫不及待地放入口中，贪婪地吃起来。

对于吃胡桃，小萨缪尔还有一套技巧，把胡桃放在熨斗上，用锤子敲打，可以让胡桃肉保持完整，这套技巧让堂兄弟们感到羡慕至极。

在树木繁茂的山坡下有一些仓房，再过去就是一条清澈的小溪，清澈见底的河床上躺着细石和水草，水中倒映着两岸浓密的树木和葡萄藤，河水在其间欢笑着蜿蜒流去。这是萨缪尔和姨妈家的8个孩子戏水玩耍的好地方。

在农庄正屋前面的栅栏外，是一条乡间大路，沿着有蛇晒太阳的大路往前，是一片还未长成的丛林。一路微微昏暗的小道，有400米长，穿过那里，走出小道，便突然展现出一片大草原，野草丛生，还星星点点地长着大草原石竹，四周都给树木围住了。

在野花盛开的时节，一清早空气特别清新，孩子们便去那里，只见草上的露珠还在闪闪发光，树林深处传来啄木鸟啄木的声响，还有野鸡低沉的叫声。偶尔也会有野兽像是受惊了似的，在草丛间一闪而过。

置身于美丽的大自然之中，都会让人觉得自己生活在童话般美妙的世界里。清新的自然，给萨缪尔留下了美好的记忆，激发了他的创作灵感，给他后来的创作提供了大量的写作素材。

马克·吐温在他的两部长篇小说中，都包含着对欢快的童年生活的留恋之情。无论是在《汤姆·索亚历险记》里，还是在《哈克贝利·费恩历险记》中，读者都可以感受到马克·吐温童年生活中的迷人的大自然，还有许多童年时代的趣事。

在姨父家的农庄，萨缪尔和姨父姨妈的几个孩子很喜欢在林中嬉戏。他们也喜欢在林坡上玩秋千。秋千是用从小胡桃树上剥下来的树皮做成的。树皮一干，便会有断裂的危险。孩子们若荡到12米高，树皮往往就要断裂。很多孩子会从断裂的地方掉下来，很多人都会因为这样危险的游戏而摔断手脚，因此，每年需要接骨的孩子们都不在少数，可是他们依然乐此不疲地玩着那种极其危险的游戏。。

萨缪尔的几个堂兄弟姐妹竟然没有一个能逃过此劫，前前后后，8个孩子骨头伤了大约14次。而最顽皮的萨缪尔运气倒还不错，至少他还没有因为荡秋千而摔断骨头的不良记录。

姨父的农庄还是一个打猎的好地方。每当鸽子成百万只地飞到树林里，只见树林里黑压压的一片。因为鸽子实在是太多了，有时候会把枝条给压断了。很多鸽子就会猛然间从树上掉下来，在那些鸽子掉下来的瞬间，它们是丝毫没有准备的，因此，在鸽子瞬间的迟钝状态下，很多农户用棍子打就可以把鸽子抓住，他们也因此就会收获很多的"战利品"。

农庄里还经常追捕松鼠、松鸡、野火鸡。早晨，天还阴沉沉的时候，姨父他们就出发了。此时，天还非常的寒冷阴暗，在这样的情况下，猎人们更容易掩饰自己，提高狩猎成功的机会。但这对于萨缪尔来说却并不是狩猎的好时候。因为小孩子有时候会懒得天不亮就起床，因此萨缪尔失去了好多次和大人们一起去狩猎的机会。这让萨缪尔心里一直很后悔。

在远征中，一阵号角声，就会招来一群狗。一声令下之后，只见这些狗很快地消失在林子里，人们便一声不响地跟在它们的后面。很快，林子里就会传来一阵阵的狗叫声，这意味着猎狗们一定是抓到猎物了，它们的吠叫，就是在提醒主人赶快过来，给它们邀功请赏。听见猎狗们呼唤主人的叫声之后，这些猎狗的主人们就赶紧拥上去，捕获战利品。

不久，黎明来临了，鸟儿欢快地唱起歌来，太阳升起，只见露珠在草尖上滚动，闪着亮光，一片生机盎然的景象。精疲力竭的人们回来时，满载着猎物，而肚子此时也唱起了歌，该是吃早饭的时候了。

当然，萨缪尔还喜欢捕猎的游戏。在光线昏暗的树林中长途远行。一只经过训练的狗大老远叫起来，向人们昭示猎物已经被赶上了树。这时，大家便都兴奋起来，接着冲过荆棘和树丛，争先恐后地跌跌撞撞地赶到现场。然后点燃起火来，把树倒下来。这时，无论是狗，还是黑人，都欣喜若狂，红红的火光映出了一片奇异的景象，每个人都玩得兴高采烈，当然，只是那个扮演猎物的黑人例外。

到了冬天，农庄卧室里更是充溢着其乐融融的气氛。马克·吐温这样写道：

那间卧室，角落里那张矮轮卧床，另一个角落里那张纺车，纺轮上下转动，发出"呜呜"的声音，我从边上听起来，这仿佛是最哀伤的曲子，叫人触动想家的念头，精神为之沮丧，仿佛幽灵在我四周飘荡。

那个大火炉，在冬夜里，胡桃木块塞得老高，熊熊燃烧，木块里渗出甜甜的汁液，咚咚地发着响声。这汁液没有给糟蹋掉，我们刮下来，吃掉了。那只懒猫躲在炉边，几只打盹儿的狗，靠着炉壁，叉开了腿，眨着眼睛。

我姨妈在炉边织着东西，我姨父在另一边抽着苞米轴烟斗。滑溜溜的没放地毯的橡木地板，朦胧地映出了闪动着的火焰。有些木炭噼噼啪啪迸出火星！在地板上慢慢熄灭了！把地板烙出一个个凹下去的黑斑。六七个小孩子就在半明半暗处嬉戏。

萨缪尔爱到姨妈家玩的另一个原因就是，他可以听黑人丹尼尔叔叔讲生动有趣的故事。约翰姨父有 20 名黑奴。他不认为农奴制有什么不对，所以他欣赏使用黑奴的制度。不过他和其他的奴隶主不同，他很善良，他也从不虐待黑奴。似乎黑奴们就是他工作上的伙伴而不是像畜生一样的奴才。他总是笑眯眯地对待他的黑奴们，就像他永远和气、幽默地对待自己的孩子们一样。

家里的孩子们经常去黑奴们住的小木屋，找他们的好朋友丹尼尔叔叔。丹尼尔叔叔富有同情心，为人诚实、单纯，待孩子们非常好。他善于讲一些古老的故事，里面有魔鬼、女巫、僵尸等令人恐怖的东西在活动。

孩子们听起来真是津津有味。丹尼尔叔叔讲过一个《金手臂的故事》，里面有一个惊心动魄的高潮。"我的金手臂在——哪——儿?"丹尼尔叔叔每讲到那个地方，总要用悲伤的声调问。

"我的金手臂在——哪——儿?"他更加哀伤地大声问道,一边用眼睛扫视身边的这些孩子们。

"在你那儿!"丹尼尔叔叔会大叫一声,冷不丁抓住孩子们中的一个。大家都吓得失声尖叫起来。孩子们知道这在是闹着玩的游戏,但每次丹尼尔叔叔讲到这里时,还是会使他们感到很惊悚。

马克·吐温一生热爱黑人,就是从这个时候开始的。自从认识了丹尼尔叔叔,他就觉得,黑人其实是天生具有幽默感的种族。这是值得每一个人学习的。在姨父的农庄,萨缪尔养成了对黑人种族的喜爱之情,并且欣赏他们身上具有的优良品质。

喜欢的伙伴和老师

父亲病逝时，萨缪尔仅有 12 岁。此间，他已经亲眼见过太多死亡的恐怖场面，经历了 3 次至亲的丧事。

4 岁时，他见过姐姐玛格丽特躺在棺材中的模样。7 岁时，他伤心地看着哥哥本杰明的尸体。而父亲临死前微声召唤姐姐帕梅拉，并亲切吻她的场面，这是萨缪尔见过的父亲唯一一次亲吻家人。这一切，都让小萨缪尔悲伤不已，他在这些痛苦中似乎长大了一些。

那时候，哥哥奥利安已经在圣路易斯一家印刷所里当排字工人。父亲死时，他回来奔丧，随后便又赶了回去，有近三年时间没回过汉尼巴尔。奥利安在那里辛苦地干活，挣得一份工钱，来养活妈妈和几个弟妹。姐姐帕梅拉在镇上教几个孩子学钢琴，赚来几个学费补贴家用。

父亲刚去世时，萨缪尔还继续在学校上学。他对死记硬背的教学方法十分厌恶，也不喜欢老师们没完没了布道似的讲大道理。他对同学中有着"特异功能"的人羡慕不已。

阿奇·富卡有个本领，每到夏天便大展其能。夏天，小学生们都是赤着脚走路，富卡的奇特本领就在这个时候显露出来了。他能叫大脚指头折叠起来，然后猛地放开，30 米外就可以听到弹大脚指头的声音。

而同学西奥多·埃迪，能像马那样转动自己的耳朵。两个人可谓各有特色。一个因有声音而叫绝，但冬天穿上鞋子就不行了；另一个没有声响，但四季都可以叫人欣赏这个绝活。

萨缪尔还有一个小伙伴叫乔治·罗巴兹，他也有让萨缪尔羡慕的地方。乔治长得细高，脸色苍白，他勤奋好学，老是专心致志地看书。他长长的黑发一直垂到下巴颏，仿佛脸部两侧挂着黑帘。乔治经常习惯性地将头一甩，一侧的头发忽地就甩到脑后去了。

在当时，男孩子头发那么软，能够头一摆便甩到后边去，在萨缪尔看来，那可真是一件十分了不起的事。因为他们中间没有哪一个人的头发，能像乔治的头发那样潇洒。

萨缪尔觉得自己的头发简直糟糕透了，又短又卷，乱七八糟的，他的弟弟亨利也是这样。于是他们想尽办法，把这些卷发搞直，好随意甩动，可是从来就没有一次成功过。有时，他们把脑袋浸在水里，然后梳啊，刷啊，把头发梳得平平的，这使他们欣慰了一会儿。不过只要头一甩，头发就又恢复了原样，让人感到好不气馁。

后来，萨缪尔成人后，有人问他："要是按照你的年龄秃了头的话，你便不会显得这么年轻。你是用什么法子，把你那乱蓬蓬的头发保护下来的呢？你怎样叫它不往下掉呢？"

萨缪尔告诉他们，据他看来，他的头发之所以至今还没有掉，那是因为他保持得干净。每天早上，他用肥皂水彻底洗一遍，再冲洗干净，然后用肥皂沫涂得厚厚的，再用一块粗毛巾把肥皂沫擦掉。这么一来，每根头发上都薄薄地涂了一层油，是肥皂上的油，又冲洗，又上油，合起来就使得头发滑溜溜的，一整天舒舒服服的，不变样。不过，这是萨缪尔成年后才创造出的方法。

童年小伙伴的"特异功能"给萨缪尔留下了极其深刻的印象，只要一想起他们，萨缪尔就会很快地沉浸在美好的回忆之中。

在汉尼巴尔，小萨缪尔不仅有许多要好的小伙伴，而且还有他非常喜欢的里奇蒙老师。里奇蒙老师有一个特点，让萨缪尔着实羡慕了好长时间。

有一回，里奇蒙老师不小心用锤子砸伤了自己的大拇指，致使指甲歪曲变形了，就像鹦鹉的嘴一样。其实这并没什么可稀奇的，但是在萨缪尔看来，这是一个更好的装饰，因为这在全镇是独一无二的。

里奇蒙是一位十分和蔼的老师，对人很有耐心，富有同情心，因而深受同学们的欢迎。在学校里，备有纸板做成的细长形的蓝颜色的票签，类似这种带颜色的票签，马克·吐温在《汤姆·索亚历险记》中描写过。

不过，学校里的这种票签上印有《圣经》上的一首诗，如果你能背出两首诗，就能得到一张蓝色的票签。能背5首诗，就能得到3张票签。然后可用这些小票到书摊上去借书，一个星期可以借一本书。

萨缪尔虽然对《圣经》不感兴趣，但是他很想读书，因为书能扩大他的视野和认识世界。在两三年的学校生活中，里蒙奇老师从没有对萨缪尔表现过粗暴的行为。

每逢星期天，萨缪尔总是背同样的5首诗。几个月来，里奇蒙老师每个星期天听到的，总是那5首童贞女的诗。而里奇蒙对此却总是感到很满意，他似乎从来没有注意到这个问题，或者根本就不愿意注意到。最终，萨缪尔总是能拿到票签，然后高高兴兴地去换一本书，好好地看一看。

可是，小书摊上的书让萨缪尔既感到高兴，又感到不是很满意，因为这些都是一些枯燥乏味的、内容十分沉闷的书，书中都是一些好姑娘、好男孩。可是萨缪尔觉得，在他的周围，包括他自己，都是非常淘气的孩子。

萨缪尔很想读到自己认为好的书。有一次，萨缪尔向邻居借阅了一本书，邻居对他说："当然可以，但我定了一条规则：从我的图书室借去的图书必须当场阅读。"

一个星期后，这位邻居向萨缪尔家借用割草机，马克·吐温笑着对他说："当然可以，毫无问题。不过我定了一条规则：从我家里借去的割草机，只能在我的草地上使用。"这个邻居站在那里，一时间哑口无言了。

勇 敢 面 对 挑 战

　　在马克·吐温的记忆中，有一件事让自己的心里一直感到十分内疚。他曾经欺骗过一次善良的母亲，尽管长大以后他向母亲坦率地承认了错误，但是母亲一直到死，都认为儿子的谎言是不可动摇的真理。

　　那还是在马克·吐温十四五岁的时候，镇上来了一位魔术师表演催眠术。当马克·吐温看到台上那些被催眠者表现出的种种滑稽的憨态，让人禁不住哈哈大笑时，他的心里真是羡慕极了。此时，他最想做的就是成为一名被催眠者。

　　用马克·吐温自己的话说："只要能当众露一手，出出风头，什么痛苦都能忍受，什么苦都不怕。"在这种"勇敢"精神的促进下，马克·吐温变得无知而且无畏了。这也让他着实吃了不少苦头。

　　为了表明自己已被催眠成功，萨缪尔竟然忍受住了用针刺肉的疼痛。萨缪尔是一个爱逞能的孩子，为了维护自己的"名誉"，面对针刺，却表现出毫不退缩的英雄气概，而他的心里其实却在流泪。

　　这些到台上来的人，用针刺萨缪尔的手臂，一直刺到了1/3，萨缪尔却表现出没有任何的反应。于是，观众们便惊叹魔术师仅凭意志的力量，竟能使萨缪尔的手臂变成铁一般的全无痛感，真是了不起。而事实上，小萨缪尔却痛得已无法承受了，但是为了自己的名誉，他咬牙坚持着。

　　在第四个夜晚，萨缪尔成了唯一的被催眠者。当然，镇上也有些人不相信，特别是年老的皮克博士。

　　大约在三四年前的一个偶然的机会，萨缪尔曾听到皮克博士谈起里士满剧场几十年前发生的失火烧毁的情景。当时，博士说的每个细节都铭记在萨缪尔的脑海里，而当时没有人注意到他的存在。

在一个表演催眠术的夜晚，萨缪尔正想着发明些什么新鲜的幻影，这时皮克博士进来了。萨缪尔一下子就回想起三四年前的那次谈话。因此，皮克博士在无意间成了萨缪尔的同党，并给他的欺骗行为提供了材料。

萨缪尔假装看到了幻影，开始不大清晰，后来越来越清晰，越来越有劲，那就是里士满的大火。他看到了浓烟滚滚，直上云霄；他看到了火焰往上蹿，化成红色；他听到了绝望的惨叫，他透过烟幕看见了窗口一张张面孔；他看见他们坠入死亡。

起先，皮克先生的脸上还有些嘲弄的神情，可是当萨缪尔准确地说出那场大火的经过时，他大感惊异，眼睛变得发亮了。

当表演结束，皮克先生禁不住站了起来，他兴奋地说："我的怀疑一扫而空了。串通制造不了这样的奇迹，他根本不知道这些细节。可是他描述的好像亲眼见到的一样，而且无懈可击。而这些情况只有我清楚。"

当催眠术师订的合同结束时，只有一个人不相信催眠术，那就是萨缪尔。他的聪明和机智不仅骗过了魔术师，而且还使自己的母亲对催眠术深信不疑，她始终认为儿子是非常了不起的。

萨缪尔的表演给魔术师带来了丰厚的收入，当然也使他自己成为了一个了不起的"魔术英雄"。他终于出尽了风头，镇上都知道萨缪尔是个神奇的能被催眠的小孩。大家见到他都啧啧称奇。这一时间让他心里有了很了不起的自豪感。

然而，没过多长时间，萨缪尔就对自己的胜利感到厌倦了。不到一个月，他就完全厌倦了。此时，萨缪尔才深刻地体会到，靠撒谎得来的光荣，成为了一个很不愉快的负担。

正如马克·吐温所感受到的，让人上当受骗是多么不容易，而要纠正过来却更难！尽管多年以后，马克·吐温在看望母亲时，以极其复杂和内疚的心情向母亲承认了自己年少时的错误，但是慈祥的老人只是笑笑，因为她无论如何也不相信儿子的恶作剧。

她只是平静地告诉儿子，那个时候，母亲比儿子知道得更清楚。任凭马克·吐温怎样解释，甚至对上帝发誓，母爱仍使她深信儿子没有欺骗自己，她认为自己的儿子就是那么神奇的孩子，一直到她去世。

洁恩·克莱门斯夫人不仅生下了马克·吐温，给予他生命，而且馈赠给他一辈子享用不尽的仁爱、宽容、勇敢，以及智慧、幽默感和善于讲故事的才能。

吸取民间幽默文学

在汉巴尼尔小镇，萨缪尔第一次看到了黑人表演，而且就被深深地吸引住了，并乐此不疲。

对于艺人团到镇上来，萨缪尔的妈妈洁恩永远有着和她实际年龄不相符合的热情。她热爱游行，喜欢集会，喜好讲座，参加野营，以及教会的活动。萨缪尔继承了妈妈爱热闹、积极参与的秉性。

艺人团的演员出场时，手和脸都像煤一样黑，演员们穿的衣服是当时大庄园黑奴穿的那种花里胡哨的极端滑稽的装束。衣服的式样和颜色都非常夸张。

当时流行高领子。演员们出场的时候，高领子遮住了半个头，又老远地突出来，让人根本无法往旁边看一眼。大衣有的是用印花布做的，燕尾都快垂到脚后跟了，扣子像黑鞋油盒子一般大。他们穿的鞋子粗陋不堪，且看上去很笨重，去让人觉得十分可笑。

艺人团演员表演时，用了很多黑人的土话，说得不但流利，而且可笑。但是，在艺人团中，有一个人穿得并不是很别致，也不说黑人的土话。他穿的是白人绅士穿的那种完美的晚礼服，讲的语言是卖弄的、彬彬有礼的、装腔作势的，故意在文法上用功夫的那一套。因此，乡下人都信以为真，以为这就是城里人、上流社会说的话。

在舞台上，一头坐着"博恩斯"，另一头坐着"班乔"，中间坐着一位文雅的绅士，与"班乔"、"博恩斯"形成了鲜明的对比，"班乔"和"博恩斯"是主要的丑角。他们充分利用化妆和奇装异服搞噱头，嘴唇用鲜红的颜色涂得又厚又长，看起来就像一片熟透的西瓜，很是搞笑。

舞台上没有幕布。观众等待的时候，只见脚灯后边一排空椅子，此外什么都没有。然后，艺人团的演员一个个地走出来，每人手里拿着一件乐器。

在观众的欢呼声中，坐在中间的那位贵人讲起了开场白，他说："先生们，前一次有幸见到诸位，这次故地重游，见到诸位身体非常健康，诸事顺利，非常高兴。"

"博恩斯"便作答，并讲了些他本人最近交的好运。可是话还没有讲完，就给"班乔"给打断了，"班乔"对他的说法有点异议，于是两个人开始互相攻击，争吵起来，最后两个人竟至站起来挥动拳头。

此时，中间人当然要劝导一番，但却不见效，吵架总得吵上5分钟，完全是黑人之间通常争吵的模样，表演得惟妙惟肖，引起场下观众不断地哄笑，场面十分热闹。

后来，两个鼻尖对鼻尖的人互相恫吓，又逐渐后退，一边大声恐吓，万一"下次"遇见，狭路相逢决不客气等。接着，便各自在椅子上坐下来，隔着座位还要咆哮一阵，一直到场内的一片狂笑过后，才告一段落。

这时，坐在中间位子上的那位贵人，便要说句话，弦外之音是向末了那个座位的人暗示一下，让他讲一个他经历过的趣事。这些故事总是很陈旧，但却是当时的观众最爱听的。其中一个就是由"博恩斯"讲到，他有一次怎样在海上遇到风暴，狂风不停地吹，船上的储备已经用光了。中间的那位绅士，总是急忙询问船上的人是怎样活下去的。

于是，霍恩斯回答说："我们靠蛋活命。"

"你们靠蛋活命！蛋从哪里来？"绅士问。

"每天，风暴一猛烈，船长就下两个。"霍恩斯回答。

这个笑话总能博得观众的哄堂大笑。

艺人团的演员嗓音甜美洪亮，开头唱一些粗俗的、滑稽的歌，如《布法罗姑娘》、《埃普顿赛马》、《老家伙丹·塔克》等。过一会儿，就开始唱抒情歌曲，如《忧郁的裘尼阿达》、《呐利·布莱》、《海上的生活》、《左舷值班》、《甜蜜的埃伦·贝恩》等。动人的旋律、幽默乐观的歌词，从此长时间地回荡在萨缪尔的脑海里。

马克·吐温开始从事文学创作，就是从美国西部民间口头幽默文学中，汲取了丰富的养料。他常常把自己童年时代的欢乐与悲哀，在他的作品中充分展现出来，具有浓郁的民间生活情趣，笔调轻松幽默，极度夸张，又有嘲讽的意味，让人读起来不禁开怀而笑。

马克·吐温常在作品中运用方言俚语，一部作品会包括几种方言。马克·吐温之所以能成为出色的幽默讽刺大师，与少年时代所经历的欢乐与悲哀，以及观看黑人艺人团的表演有着深刻的关系与渊源。

脑海的痛苦记忆

童年时期，在马克·吐温心目中留下了太多的喜悦，他可以凭借自己丰富的想象力和极大的热情，吸取周围生活中一切美好的东西。然而，在马克·吐温的童年时代，也经历了一场场的噩梦，血腥、暴力、死亡，在他幼小的心灵里留下了深深的烙印。

母亲洁恩·克莱门斯是一个虔诚的长老会教徒，她相信有个冷酷的上帝。她的某些观念，也在不经意间传给了萨缪尔。

萨缪尔上小学时，学校里的老师以及讲道的牧师，也都把相应的观念灌输给他。他模糊地相信，天上有个人在盯着他，让他经受许多血腥的事件和痛苦，促使他悔改。而他也在每一次悲剧发生之后，在充满死亡阴影的夜晚，真心地进行祈祷。

在汉尼巴尔这一带的奴隶制度，是一种温和的家务劳动的奴隶制度，与残暴的种植园奴隶不同。虐待的事情很少见，但是同样不得人心。

在萨缪尔上小学的时候，并不憎恶奴隶制，也并不怀疑它有什么不好。当地教堂也向人们宣传说，上帝赞成这个制度。然而，有目共睹的对黑奴的残害，也唤醒了许多有良知的人们的同情心。

在汉尼巴尔，也有奴隶拍卖的事情。有一次，萨缪尔挤进人群，看到的是10来个男女黑人，被一条大粗铁链拴在一起，躺在水泥地上，等着被运往南部奴隶市场去卖。

有的黑奴紧闭双眼，内心充满了恐惧；有的黑奴在哭泣，眼里流露出无尽的哀伤；有的已有些麻木了，一副在苦难中逆来顺受的样子。萨缪尔看见这些悲惨的脸，在脑海中始终难以忘怀。

幼小的萨缪尔亲眼目睹了几次血淋淋的悲剧。有一次，萨缪尔在码头边看到，一个黑奴因小事触犯了一个白人，只见那个白人拿起铁渣饼，残忍地砸向这个黑人，嘴里还嚷嚷着："打死你这个黑鬼！打死你这个黑鬼！"顿时，那个黑人被打得皮开肉绽，身上淌着鲜红的血。黑人在不断地求饶，而那个白人却更是猛砸猛踢，渐渐的，求饶的声音越来越弱，后来就再也没有任何声息了。

"那个黑奴死了！"萨缪尔不禁这样想着。然而，令人不可思议的，旁观的人谁也没对这个黑人表示同情，相反，却都惋惜奴隶的主人遭受的损失。

当时，人们普遍认为，奴隶制度会使生活在奴隶制度下的人变成冷酷无情。马克·吐温由于在童年时代就和黑人朋友相处，母亲又一直十分体恤黑人的疾苦，所以在他的意识里，他从未鄙视过黑奴。相反，他十分同情黑人，并为改变他们的地位而高声呐喊。

此外，在年少的萨缪尔的记忆中，还有一个年轻的加利福尼亚州移民被喝醉了的同伙用猎刀刺进了胸部，他亲眼看到了那汩汩的鲜血从伤者的胸中流了出来。这件事在少年马克·吐温的心灵上激起了很大的震动。

在19世纪40年代，美国西部市镇上动刀动枪的事情时常发生。那时，镇上有个斯麦尔大叔，他是个老老实实的人，对谁都不构成危害，只是对当地一些臭名昭著的投机商和财主毕尔·奥斯莱公开表示过不满。

一天，斯麦尔在街上碰到了奥斯莱，对方抽出一支手枪，在几步远的地方对着他当胸一枪。斯麦尔中弹后，摇晃着倒下了，鲜血从伤口处汩汩地往外流，气息奄奄。他们还把一大本古老的圣经放在这位快死的老人的胸口上，压得他喘不过气来，使他在痛苦中送了命。

这件事发生时，萨缪尔就在不远处看着呢。凶手奥斯莱在被监禁后，花了很多钱买通了法官，随后就被无罪释放了。过不多久，小镇上舆论的压力频频袭来，他因在镇上实在混不下去了，就匆忙地搬走了。

此后，9 岁的萨缪尔一直忘不了这个杀人的场面，有时在睡梦中，他总觉得有一本特别大的书压在身上，把他压得喘不过气来。多年后，他几乎照着原样，把这个惨剧写入了《哈克贝利·费恩历险记》中。

汉尼巴尔小镇，是一个西部拓荒者的聚散地，周边地区各色人等都有。什么流氓、残暴的工头、粗野的农民、寻衅滋事的酒鬼、歹毒的投机商、阴险奸诈的骗子等，简直是随处可见。

在一个暴雨将至的夜晚，一位醉酒的恶汉去袭击住在霍立第山半坡上的一位寡妇和她的女儿。那恶汉满口污秽地在吼叫，在屋外谩骂、叫嚣，把整个镇子的人们都吵醒了。

萨缪尔同伙伴约翰·布里格斯一起跑了过去。他们看到，门廊里影影绰绰地站着两个女人，只听见那寡妇在厉声喝斥，让这个醉汉赶快滚蛋。

只见这个寡妇的手里还捏着一把上了震弹的滑膛枪。她警告醉汉说，她要从 1 数到 10，若数到 10 他还不走，她就会开枪。

那流氓却毫不理会这个妇人的警告，他一边狂笑着，一边向前逼近。很显然，那个流氓醉汉根本不认为这个寡妇和她的女儿有反抗他们的能力。他以为她们手里的家伙只是装腔作势的工具罢了。于是他依然满脸猥亵地往前走。

"1，2，"寡妇开始数起来。

"7，8，9，"夜空中只有那寡妇的声音。

"10！"只见一道火舌刺穿了黑幕，打在这个家伙的身上，只见这家伙跌倒在地，身上中了几颗铁弹。看热闹的人拥上来，想到近前看个究竟。恰在这时，大雨倾盆而下。萨缪尔和伙伴立即跑回家去。

每次看到悲剧发生后，萨缪尔都要叹口气，说一声"又死了一个"。在他所受的宗教教育里，他总是觉得这是上帝给他的警告，因为他的顽皮，爱搞恶作剧。

所以，每当太阳一下山，他的信心就消失了，心头就会涌上来一种莫名的恐惧。他会为自己白天所做的错事感到难过。他会害怕上帝会趁着黑夜来惩罚他这个做了错事的孩子。

无论是童年的噩梦，还是说不尽的欢乐，都给马克·吐温提供了丰富的生活阅历，为他的作家生涯提供了良好的写作素材。它们都埋在他的心底，有时候跳出来，变成汤姆·索亚、哈克贝利·费恩、吉姆或菠莉姨妈，或者是塞勒斯上校。

但是，随着父亲约翰·克莱门斯的去世，萨缪尔无忧无虑的少年时代也宣告结束了。

闯荡世界

人的思想是了不起的，只要专注于某一项事业，就一定会做出使自己感到吃惊的成绩来。

——马克·吐温

面对学徒的困苦

　　萨缪尔虽然很顽皮，但头脑却很灵活，记忆力也格外好。所以在他上学的时候，还是学会了许多知识，尤其在语言上，他曾获过拼写比赛的第一名。

　　但是，由于家庭经济越来越窘迫，萨缪尔上学有了困难。于是他只能一边上学，一边替镇上一家报纸当报童。放学以后或假期里就做些零杂活，挣几个零钱，但是家境还是越来越拮据。

　　有一天，妈妈悲痛地对萨缪尔说："孩子，现在家里没有足够的钱供应你上学，所以委屈你了！"

　　萨缪尔则显得很轻松地说："这样我就可以不用再看到柯洛士老师了，有什么好委屈呢？"母亲知道，萨缪尔是为了安慰她才这样说的。

　　在萨缪尔14岁时，他辍学去了约瑟夫·艾门特印刷所当学徒。艾门特先生是《密苏里信使报》的老板与编辑。他给了萨缪尔一般学徒的待遇：管吃、管穿，但是不给钱。衣服是艾门特自己穿旧的，大小也不合适。

　　对此，马克·吐温曾说，艾门特的衬衫"给我一种不舒服的感觉，仿佛生活在马戏团的帐里一般。我得把他的裤子提到耳朵边才行"。

　　除了萨缪尔，艾门特还有两个学徒，其中一个叫韦尔斯·麦考密克，十七八岁。但是，在萨缪尔看来，他简直是个巨人，他穿着艾门特先生的衣服倒还挺合身的。韦尔斯每天总是高高兴兴的，显得没有什么烦恼。

至于饮食方面，在萨缪尔的记忆里是好东西很少，并且总是不够吃。后来，萨缪尔他们被准许从地下室升到底楼，坐在桌旁吃。但是，像糖等较为贵的食品，都得由艾门特太太亲自控制的。

按照美国人的规矩来说，艾门特太太可是一位举止得体的妇女，因为她并不把糖钵之类的东西交给他们，而是由她亲自给萨缪尔他们的咖啡加糖。

在萨缪尔看来，艾门特太太仿佛总是把满满一大调羹的红糖放到杯子里，萨缪尔看见她放糖的时候，心中总是充满了希望，觉得这咖啡一定会很甜的。可是，事实上却一次次地让他感到失望了，他实在搞不清楚，为什么一调羹糖放进去，咖啡还是苦的呢？

韦尔斯对萨缪尔说，那都是骗人的把戏。他说，艾门特太太先把调羹底朝上，把糖从钵子里舀出来，这样看起来仿佛满满一调羹，而事实上它上面只有薄薄的一层糖。

由于经常吃不饱饭，于是萨缪尔他们就想办法从地窖里偷些山芋或洋葱等各种蔬菜，拿到印刷间，在炉子上烤熟后，美美地吃上一顿。韦尔斯还有一套煮山芋的秘诀，很是了不起，当然是他自己发明的。马克·吐温在晚年，还能津津有味地回忆起那种山芋的美味。

有一次，56 岁的马克·吐温去参加德国皇帝威廉二世的一次私人宴会。在宴会上，未等威廉二世陛下先品尝，马克·吐温就旁若无人地吃起宴会桌上的山芋来，并且喧宾夺主地大发议论。这让威廉二世非常生气，也惊呆了在场的所有达官贵人。

可怕的沉默持续了足有半分钟，要不是皇帝陛下自己把这难挨的沉默打破，当然会持续更久。当时是傍晚 18 时 30 分，直到将近半夜时分，这场冰冷的气氛才被啤酒的洪流完全融化掉了。

至于老板艾门特所说的管住，实际上连睡觉的床都没有，萨缪尔他们就只好睡在地板上。此时，年少的萨缪尔经历着生活的最初磨炼，离开了学校，离开了母亲温暖的怀抱。他很想妈妈，也很想家，希望能吃到一顿饱饭。但是，这种愿望只有等到假日里才能够得到满足。

有一次，家里人晚上回到家时，发现萨缪尔正在地板上睡得正香。姐姐帕梅拉心想，这大概是他在艾门特的印刷所里养成的习惯。

这是一段艰难的学徒岁月。每天，萨缪尔很早就被老板艾门特叫起来生火、打扫房间、整理铅字。然后，在微亮的烛光下排字、折叠报纸。每逢周日，就更加紧张了，他必须要在黎明时分将报纸分送到每个订户那里。

有一天，萨缪尔收到了一个订户的来信，信中问："先生，我在报纸里发现了一只蜘蛛，请问您，这预兆的是吉还是凶？"

萨缪尔立即回信说："这不是什么吉兆，也并非什么凶兆，这蜘蛛不过是想爬进报纸去看看，哪个商人没有在报纸上登广告，它就到那家商店的大门口去结网，好过自己安安静静地日子。"这封回信显示了萨缪尔的幽默天赋。

排字印刷的工作相当刻板、单调，有时萨缪尔真想一走了之，但是他一想到妈妈，就又忍了下来。于是，他经常利用歌唱来舒解枯燥的生活。

渐渐的，萨缪尔开始阅读自己排出来的新闻，因而从中知道不少各地的消息，拓宽了他的视野。此时，萨缪尔体会出工作本身就是最好的报酬，因为他可以从工作当中获得乐趣和各种知识。

学徒的日子虽然很乏味，但是萨缪尔总能保持乐观和幽默的情绪。就这样，萨缪尔熬过了两年多的学徒生活，成了一名熟练的排字工人。

首次发表幽默小品文

1850 年夏天，萨缪尔的哥哥奥利安接受母亲的建议，从圣路易斯回到了汉尼巴尔。他借了 500 美元，盘下了《汉尼巴尔新闻报》，自己开始办《西部联合报》。

弟弟亨利给奥利安当学徒工，打打杂。萨缪尔则继续留在艾门特那里，并指望着学徒期一结束，老板会付他工资。可是，一直到离开那里为止，艾门特也没有付给他一分钱。

奥利安见萨缪尔在艾门特那里实在干不下去了，于是就让他到自己那里去，讲定每周工资 3.5 美元。

贫困的生活，过早地夺去了萨缪尔的童年。萨缪尔 14 岁时就自食其力了。但是，他毕竟还是个孩子，在许多方面还是那样的天真烂漫。

这年秋天，姐姐帕梅拉主办了一次晚会，邀请镇上婚龄男女青年参加，萨缪尔自然不够资格。不过，在这个晚会上，萨缪尔荣幸地参加一出小型话剧的演出。在剧中，他扮演一只可爱的小熊。

临近演出时，天已经黑了下来。萨缪尔抱着"熊服"，与小伙伴桑迪来到了暂时用作更衣室的房间里。萨缪尔和桑迪一面讲话，一面走进去，这就使得两位还没完全换好衣服的姑娘有时间躲到帷幕后边去，不至于被他们发现。但是她们的长上衣和一些物品挂在了门后的钩子上，不过萨缪尔没有看见。门是桑迪关上的，可是他一门心思在演戏上，所以根本就没有看到这些东西。

房间的这块帷幕歪歪斜斜的，上面有不少的洞眼。萨缪尔的表演也就得以被帷幕后面的人看到。但是，此时的萨缪尔并不知晓这些。

因此，他把衣服脱个精光，未等换上"熊服"就练起来了。他先是满地乱爬，接着左蹦右跳，嘴里还不时地发出咆哮声。桑迪在一旁还不住地狂呼喝彩。

得到桑迪喝彩声的鼓励，萨缪尔就更加卖力气了，凡是熊能做的动作，他都作了。即便熊做不了的动作，他也创新了不少，让人叹为观止。

最后，萨缪尔头顶着地，并以这个姿势休息了片刻。这时，便有片刻的沉默。于是，桑迪问道："萨缪尔少爷，你有没有见过鲱鱼干？"

"没有，什么样子的？"萨缪尔问。

"是一条鱼。"桑迪说。

"哦，怎么？有什么特别的吗？"萨缪尔不解地问。

"是的，先生，就是特别，人家连肚肠一口吞下去的。"桑迪说。

这时，突然从帷幕后边传来女性捂住嘴巴，"嗤嗤"的笑声！萨缪尔意外地听着笑声后，立刻像泄了气的皮球，摇摇晃晃地倒下去了。同时还把帷幕弄掉下来了，把姑娘们压在了下面。只听得她们惊慌得尖叫起来。

萨缪尔赶紧拿了衣服就往外跑，逃到了楼下黑黑的大厅里，急忙把衣服穿好后，往后边跑了出去。在僻静处，萨缪尔要求桑迪赌咒，决不把刚才发生的事情声张出去。然后，萨缪尔和桑迪就躲了起来，直到晚会结束。他想一举成名的愿望也就随之破灭了。由于他没能上场，他的"小熊"角色就只能让另一个小伙子扮演了。

一直等到人们都睡着了，萨缪尔才悻悻地溜进家里。在卧室的枕头上，他看见了一张小纸条，只见上面写着：

你演熊未必成功，但你演光屁股可真是精彩至极，哦，别提有多精彩了！

这件让人如此尴尬的事，一直留在萨缪尔的记忆中。

再说哥哥奥利安，他从来就不是一个擅长做生意的人，他木讷的头脑里缺乏经济学的符号。为了提高报纸的销量，他把报纸定价降得离了谱，订数虽然明显上升了，可是由于报纸定价很低，他们这么做几乎就无钱可赚。后来可赚钱的目标没有达到，他的哥哥也很焦急。萨缪尔不忍心看着哥哥为钱的事情发愁，他也不好意思朝哥哥要本已答应要付给他的工资。

尽管如此，萨缪尔对哥哥依然关怀备至。他为奥利安出主意、想办法，希望能够帮助他渡过难关。在印刷所里，萨缪尔认真地工作着。由于他排版认真，报纸上几乎没有出过什么大的差错。

萨缪尔早在给艾门特工作的时候，就不时地在报上写些街坊邻里发生的各种闲杂琐事的报道，到哥哥办的《西部联合报》后，他就大胆地写点轻松愉快的讽刺小品文，登在报上。

萨缪尔的第一篇公开发表的文章，刊登在 1851 年 1 月 16 日的《西部联合报》上。文章写的是印刷所邻居失火时，一个学徒的伟大举动。这篇小品文是这样写的：

我们那位勇猛的学徒看到我们有点儿焦急，断定他该采取一个崇高的行动，于是马上收集了一把笤帚、一个旧木模、一个洗手盆和一条旧毛巾，胸中洋溢着爱国主义的激情，从印刷所冲出来，把这些宝贝放到差不多有十排房子以外，使之免于危险。

一个小时以后他才回来，跑得上气不接下气，一心以为他已经成了一位不朽的英雄；他那魁梧的身子摆出一副悲壮的姿态，以一种演说家的风度大喊大叫："要是火灾没有这么快被扑灭的话，那就会要给我举行当代最盛大的一次庆功大会呀！"

这篇幽默小品文格调明快，文章内容简洁，几笔就勾勒出一个迂腐的印刷工人的形象。在火灾时把救火的工具当成企业财产搬走保护的"愚蠢"行为让人可气又可笑。大家很容易能体会到马克·吐温的这种另类的幽默风格。从这以后，萨缪尔还写过不少这类小品文，登在《西部联合报》上。

其中有一篇说道，许多人都怕夏天的狗发疯。年轻的编辑兼作者萨缪尔替大伙出主意说："如何防止 8 月里的狗发疯？请在 7 月里把它们的头砍掉！"这种黑色幽默的主意让人忍俊不禁。这样的"馊主意"也只有萨缪尔才能想得到。

萨缪尔还在报上出过一道"算术题"：如果 8 个人挖地 12 天一无所获的话，那 22 个人要挖几天，才能使工作成效提高一倍？

萨缪尔不仅只写这种诙谐的文章，此时他已经有了关心世界的意识。在 1852 年 9 月的一期《新闻报》上，登载了他的一篇短文，署名冗长，而且十分可笑：伏·伊帕来农达斯·阿德拉斯叶斯·勃拉勃。文章说，作者根据密苏里州议会决议，把姓名改了，而且"这使州里花了数千美元"。这种对于州会议决议的嘲笑和讽刺态度非常明确。文章意在表达，这样的州决议只会给老百姓添麻烦，是属于浪费金钱又浪费时间的垃圾。

马克·吐温的第一篇短篇小说，也是在此时发表的。题目叫《花花公子吓唬穷光蛋》，1852 年发表在波士顿的一家滑稽周刊《手提包》上。

小说写的是发生在汉尼巴尔镇的一件事。一个爱吹牛的花花公子在一条船上为向年轻的女士们献殷勤，企图欺压一位伐木工人。那工人朝花花公子看了看，抡起手臂就将他推进了河里，弄得那家伙无地自容。

当时，报刊上像这种的作品有很多，萨缪尔此时的作品还没有什么独具的特色，要发表这样的文章也不需要太多的才气。因为，自1842 年英国著名的小说家狄更斯来到美国进行访问后，随即在美国掀起了幽默作品的高潮，各种报刊都急需这类稿件。

萨缪尔在上学和稍后的一段时间内，就已经读完了塞万提斯的《堂吉诃德》、斯威夫特的《格列佛游记》，以及狄更斯的许多作品，这些优秀的作品让他大开眼界。

然而，最受萨缪尔喜欢的还是当时美国的各种杂志上登载的本土的幽默讽刺作品。当时，各家报纸都互相赠送。萨缪尔借机阅读了大量的此类文章。在此氛围中，萨缪尔受到了良好的本土文化的熏陶。

闯荡世界开阔眼界

　　萨缪尔的哥哥奥利安，一心致力于办报，尽管报馆的房租比较便宜，但每年50美元的借款利息和墨水、印刷纸张的开支，就足以使奥利安伤透了脑筋，更不要说指望报馆能够养家糊口了。

　　母亲洁恩·克莱门斯天性乐观风趣，她一边操持着家务，一边用一些轻松愉快的笑话打发日子，一家人倒也过得快快乐乐的。

　　此时，家中只有4个人生活了。萨缪尔的姐姐帕梅拉在1851年9月就出嫁了，丈夫是35岁的弗吉尼亚人威尔·莫菲特，他们俩很小就相识，婚后两人定居于圣路易斯，做些代销的生意，日子过得还算舒服一些。

　　奥利安的生意越来越不景气了，后来甚至连房租也交不起。于是，他只好将印刷所搬到了自己家里。1853年6月，一贯对哥哥奥利安行事作风颇感不满的萨缪尔，离开家去了圣路易斯。这次离家出走，除了因为哥哥的原因外，还因为他迫切想见见外面的世界。

　　另外，此前还发生了一件让萨缪尔感到伤心的事。当年1月的一天傍晚，萨缪尔在镇上遇见一个醉汉，那人向他借火柴点烟抽，他给了那人几根便走开了。

　　当晚，这醉汉因什么事被关进了镇上的牢房。半夜里，萨缪尔被呼唤"救火"的喧闹声吵醒了，他和村里其他人一起向失火地点跑去。到达时，发现那间牢房已经火光冲天，那个曾向他讨要火柴的流浪汉，正双手拼命地拉扯牢门的铁条，嘴里发出一阵阵哀号，身后是熊熊的烈火。

　　可是，谁也没法救他，只有警察局长的钥匙可以。可是等到拿到钥匙时，醉汉早已倒在了烈火之中。火灾是这个流浪汉在神志不清时，用烟卷把草铺引着而导致的。虽说那不是萨缪尔害的，但是那人在火光中号叫的凄惨场景，却刻在了他的脑海里，一种沉重的犯罪感压在他的心头，久久不能释怀。

几个月后，萨缪尔满怀着内疚，乘船离开了汉尼巴尔。萨缪尔出走时的打算，是先在圣路易斯积攒足够的旅费，然后去纽约，去大西洋沿岸的大城市看一看。

在圣路易斯，萨缪尔在《新闻晚报》的排字间找到了一份工作。萨缪尔除了在排字间里勤勉地工作以外，他将全部的精力都用在了阅读上。他从图书馆里借来了许多文学作品，一本一本地读着，书籍开阔了他的视野。渐渐的，他厌烦了紧张而单调的生活，憧憬着更为广阔的天地。

1852 年，萨缪尔从报纸上看到了世界博览会将在纽约开幕的消息，这使他产生了极大的兴趣。于是，在第二年的春天，他乘船来到了纽约，兴致勃勃地参观了展出。

萨缪尔到达纽约时，身上只有两三块钱的零用钱，此外还有藏在上衣里子内的 10 块钱银行支票。萨缪尔在克里夫街约翰·阿·格雷和格林的店里干活，工资极为低廉。他住在杜安街坏得非常糟糕的工匠寄宿宿舍里。店里在支付工资时，付的是跌价的钞票。萨缪尔一个星期的工资，仅仅够他的食宿费用。但是，萨缪尔依然坚持着。

纽约之行，使萨缪尔大开眼界。他暗下决心，要再进行一次远游。不久，萨缪尔来到了费城，先后在《问询报》和《公报》担任"补充排字工人"。干了几个月后，他又到华盛顿去游览观光。东部的一切在他的眼中既新鲜，又具有强大的吸引力，他很愿意在那里继续待下去。

萨缪尔不时通过家信和寄给奥利安刊登在报上的书简式文章，表达自己的兴奋和乐观的精神。萨缪尔说："让人们等着瞧吧，看我什么时候会失去信心或被饥饿吓倒。"

这时，萨缪尔接到哥哥的来信，让他回去共办《马斯卡廷纪事周报》。萨缪尔经过认真的考虑，最终还是同意回去帮助哥哥办报。

1854 年，萨缪尔返回密西西比河流域。他在吸烟车里坐了三天三夜。当他到达圣路易斯时，已是筋疲力尽了。随后，他搭乘开往马斯卡廷的轮船。上了船，非常疲倦的萨缪尔就睡着了，甚至连衣服都没有脱，在船上整整睡了 36 个小时。

原来，在萨缪尔走后，奥利安所办的报纸便出现了难题，无法再继续维系下去。他将报纸转让给当初借钱给他的农场主约翰逊先生后，去艾奥瓦州的马斯卡廷买下了当地的《纪事周报》的少许股份，准备重整旗鼓。在那里，奥利安认识了基奥卡克姑娘莫莉，并很快结了婚。婚后，奥利安遵照妻子的意见，将家安到了基奥卡克。

当萨缪尔接到信后，打定主意回来帮哥哥一把时，奥利安已在基奥卡克买下一些印刷机器，办了一家小小的承印零星印件的印刷所，并把母亲和弟弟亨利也一块接过去住。

印刷所的生意不是很好。奥利安秉性善良、诚实，是个热心干事的人，但他又很忧郁，容易消沉，一句话能让他沮丧，再一句话又能让他飘飘然，他始终只能是一位梦想家。萨缪尔回来后，在哥哥的印刷所干了两年，但一分钱工资也没有拿到过。

萨缪尔在印刷所里卖力地干活，也时常和年轻小伙子、姑娘们聊天、逗乐。此时，他已经 20 岁了，他意识到，往后自己是不会再上学读书了，因此他拿到什么就读什么，报刊杂志、游记逸事、通俗故事、古典作家的著作等，他都饶有趣味地阅读，从中吸取有益的养分。

为了更好地生存下去，萨缪尔开始自学。没有老师，他只好请教哥哥，在哥哥忙得不可开交，或者他也不会的时候，萨缪尔就只好查字典。在以后的日子里，萨缪尔把这部大字典随时带在身边，成为他的"良师益友"。

在一天的劳动之后，萨缪尔还要点起蜡烛，拿起字典学上几页单词。随着词汇的不断积累，萨缪尔开始试着写一些小文章，把他在童少年时代听见的、看到的事写下来。文章尽量写得轻松、活泼，有幽默感，让人读起来感到十分快乐。

有时候，萨缪尔也会把民间流传的笑话整理一下，稍加润色一番。萨缪尔喜欢运用漫画式的夸张手法，寥寥几笔，一个生动有趣的人物便会跃然纸上。

萨缪尔不喜欢那种矫揉造作的说教式的语言，他觉得用口语写文章更加简单明了。在他的文章里，无论是叙事、描写、抒情、议论或者是人物对话，都保持了口头语言的幽默生动、朴实平凡的本色，没有华丽的词藻和矫揉造作的痕迹。这是他的写作风格，也是他一贯所遵循的原则。

萨缪尔虽然在《信使报》没有赚到钱，但在这个平台上，不断发表的作品，却显露了他的文学才华，引起了镇上人们的广泛关注。

身处逆境不断求知

转眼到了 1856 年的夏天。

一天，萨缪尔读到了一本书，这本书写的是美国海军上尉威廉·路易斯·赫恩顿在亚马孙河探险的经历。这位探险家在一名秘鲁向导的陪同下，乘坐小木船，在那条大河上泛游了 7000 英里。

在书中，探险家详尽地描写了亚马孙河流域的土地、森林、动物、矿藏等各方面的情况。探险家生动的描述、神秘的大河丛林和无穷无尽的宝藏深深地吸引住了喜欢冒险的萨缪尔。他想象着自己到了那里，开发出极有价值的作物和矿产，发了一笔大财。他多么想去那里，去寻找宝藏，创造财富，干出一番大事业来啊！

萨缪尔的那种不甘寂寞、好奇又好胜的性格，以及敢闯敢干的劲头，催促着他早点踏上探险的征程。但如何才能搞到这笔数目不小的旅费，则是一个大问题。

1856 年 11 月的一天，寒风呼啸，冻彻骨髓，天上还飘着纷纷扬扬的雪花。萨缪尔一个人在基奥卡克的大街上走着。这时，一阵风吹起了一张纸片，从他的身边轻飘飘地掠过，撞在了一面墙上。

萨缪尔定睛一看，啊！他简直不敢相信，那张纸片原来是一张 50 美元的钞票！用马克·吐温后来的话说：这是他平生第一次看到这样的钞票，并且在艰难时刻见到这么大数目的钱，对于他来说，也是平生的第一次。

萨缪尔欣喜地奔过去，拾起这张钞票。此时，他的心怦怦直跳，既想据为己有，又怕会遭到惩罚。于是，萨缪尔在报上登了启事，四天过去了，但仍无人认领。

　　萨缪尔再也坐不住了，他买了到辛辛那提市的车票，准备开始他的亚马孙河之行。然而，50 美元根本不够到南美的路费，萨缪尔不得不再想其他的办法。最后，他决定在辛辛那提市度过冬季，然后沿密西西比河南下到新奥尔良，最后再从那里转往目的地——南美洲。

　　于是，萨缪尔买了一张去辛辛那提的船票，离开了基奥卡克。随后，萨缪尔在辛辛那提的莱特父子公司的印刷所干了几个月的活，以积攒旅行的路费。

　　萨缪尔住在一个收费较为低廉的公寓里，在这里寄宿的人们全是一些普通的老百姓，男女老少都有。他们爱开玩笑，享受生活，性情也很好。其中，时年 40 岁的麦克法兰是一个对萨缪尔有深刻影响的人。

　　麦克法兰是苏格兰人，他是一个严肃而诚恳的人，他习惯微笑，脾气也很好。除了萨缪尔，他跟同屋的任何人都不亲近，尽管他对大家都很有礼貌，也很和善。

　　麦克法兰有很多哲学、历史和科学等方面的著作，最主要的是《圣经》和一本词典。针对这本词典，麦克法兰声称他能从头到尾地背下来。他还坦率地对萨缪尔说他以此自豪。他对萨缪尔说，随便他说一个英文字，他都能马上拼出来，并解释清楚它的意思。

　　因此，萨缪尔花了好多时间想找一个能把他难倒的字，可是用了几个星期都是白费工夫。最后，萨缪尔只得作罢。这样一来，麦克法兰就更加高兴，更加骄傲了。

　　麦克法兰对《圣经》也像对字典一样的烂熟于心。他是以哲学家、思想家而自居的。麦克法兰的谈话总是涉及严肃的大问题。

　　每到晚上，萨缪尔喜欢在麦克法兰房间的炉火边闲坐，听他讲故事或倾听他的思想见解，一直待到钟敲响 10 下。这时候，麦克法兰就要烤一条熏鱼了。这是他在费城时从一位英国朋友萨姆纳那里学来的。这条熏鱼就是他的睡前酒，同时也是一个信号，说明他要睡觉了。此时，萨缪尔就要回到自己的房间去了。

麦克法兰很健谈。有一次，他对萨缪尔说，他几乎没上过什么学校，现在学到的东西，全是他自己捡来的。在萨缪尔眼里，麦克法兰学识很丰富，这给了他很大的鼓舞。

麦克法兰曾对萨缪尔谈论人性问题。他认为，人心是动物界里唯一坏的心，人是唯一能够有报复、忌妒、自私、贪婪心理的动物；是唯一爱酗酒的动物；是唯一对自己的亲近部族实行抢劫、迫害、压迫与杀害的动物；是唯一对任何部族成员实施偷窃和奴役的动物。

麦克法兰还说，没有一个人不是在用尽心机算计别人，为了自己的利益而牺牲别人。那种人中的神人凭借高人一筹的智力使低下的人沦为他的奴仆。回过头来，又凭着比别人强一些的头脑高踞在他人之上。麦克法兰给萨缪尔上了一堂生动的关于人性的一课。

几年的流浪生活的耳濡目染，使萨缪尔越来越深刻地认识到社会的本质和人性的罪恶。因此，在马克·吐温的文学创作中，他始终把揭露社会的本质和人性的罪恶作为他最根本的主题之一。

贫苦的生活并未使萨缪尔消沉下去，相反，他总是一面做工，一面通过自学来提高自己的文化修养，为日后从事文学创作打下基础。

1857 年春天，萨缪尔买了一张去新奥尔良的船票。他要从那里再换乘别的船去南美洲，开始他闯荡世界的伟大事业。

勤学苦练成为领航员

　　萨缪尔曾读过赫恩顿上尉关于在亚马孙河探险的故事，他被赫恩顿上尉有关古柯叶的记载给迷住了。萨缪尔决心到亚马逊河的源头，去收集古柯叶，用它做生意发大财。

　　古柯是一种灌木，是美洲大陆的传统种植作物，是可卡因的主要原料。古柯树叶嚼起来是苦的，为当地的咀嚼者所喜爱。他们认为古柯可以使他们增加力量、驱除饥饿、减轻痛苦。因为古柯是一种高热能植物。当地人称古柯叶为"圣草"或"绿色的金子"。

　　古柯叶是提取古柯类毒品的重要物质，曾为古印第安人习惯性咀嚼，并被用于治疗某些慢性病，但很快其毒害作用就得到了科学证实。

　　抱着发财的梦想，在1857年春天，萨缪尔开始了他的旅行计划。他乘坐着破旧的"保罗·琼斯"号，缓缓地离开辛辛那提码头，沿密西西比河驶向远方。萨缪尔的生活从此翻开了崭新的一页。

　　还是在汉尼巴尔的时候，萨缪尔就对行驶在密西西比河上的各式船只及轮船上的船长、水手、领航员等羡慕不已。

　　在内战之前，美国中西部地区的货运、客运大都依赖于密西西比河。轮船到来的日子，对沿岸各镇来讲，都是一个隆重的节日。只要有人喊一声"班船——来——了!"刹那间，原来沉闷的镇子就会立刻喧闹起来。无论是老人、小孩、男人、妇女，还是流浪汉、酒徒，甚至连狗、马等，都欢快地朝码头上跑。

　　当然，小孩子们跑在最前面，为的是抢占有利的位置，迎接那远道而来的客人。萨缪尔9岁的时候，有一次他偷偷地溜到停靠在码头的轮船上，钻进驾驶室，正试图去摸舵轮时，马上被领航员发现，把他赶回到岸上。

轮船到岸后，只见船头旗杆上飘着旗子，所有锅炉的炉门都敞开着，炉工们使劲地往里抛煤块，一边投入一些松香，使得烟囱里冒出滚滚的黑烟，以庆贺轮船的靠岸。

旅客们纷纷挤在上层的甲板上，船员们站在前甲板上，船长则庄重严肃地立在大钟旁，发号施令。轮船在他的号令声中，稳稳当当地靠了岸。

舷梯一搭好，上下船的，装卸货的，都上上下下，真是拥挤不堪。这种场面大概持续几分钟后，船长便一声号令，轮船就收起了旗子，一阵轰轰声过后，又开始它新的航程。

在汉尼巴尔小镇，每星期都有轮船停靠，但每次轮船到来时，依然是全镇瞩目的焦点。童年的萨缪尔和伙伴们就在这样的兴奋与期盼中逐渐地长大了。

此时，长大后的萨缪尔为了见到心中的梦想，开始独自旅行，成为了轮船上的一名乘客。他想，作为一个乘客，他会像当年那样，令每个码头上的孩子们羡慕的。于是，每当"保罗·琼斯"号靠岸时，爱表现的他总是站在船上一个比较显眼的地方。一旦他知道有人在注意他，他就会装出一副厌倦于乘船旅行的样子。所以，对萨缪尔来讲，缓慢的旅行并不显得是那么漫长和无聊。

轮船在路易斯维尔附近撞上了河中的暗礁，耽搁了4天。也就是在此时，萨缪尔有了成为船上一员的想法。他对船上的大副那种与众不同的发布号令的方式很感兴趣，于是便试图引起大副对自己的注意，以便进一步同他接触，但是大副对他不屑一顾，比较冷淡，结果只能失败了。

过了几天，萨缪尔总算与船上的一名守夜者搭上了话。他向这位爱吹牛、扯谎的守夜者送上一支烟卷，对方很高兴地接受了。因为夜晚实在是比较单调，没什么意思，他正愁没个人跟他聊天呢，于是两个人就聊了起来。守夜者告诉萨缪尔那些岬角、岛屿的名字，并且还跟他讲一些荒唐的故事，萨缪尔饶有兴趣地听着。

渐渐地，善于交际的萨缪尔与船上的一些人混熟了。最终，他还博得了领船员霍雷斯·毕克斯比对他的信任。霍雷斯·毕克斯比此时35岁，脾气很大，但他是密西西比河流域公认的航道专家。毕克斯比白天值班的时候，萨缪尔就坐在一旁，有时还有机会操纵一会儿轮舵。在毕克斯比的指导下，萨缪尔学会了不少有关航行、领航和河道的知识。

这艘船航行得很慢，两个星期后，船才到达新奥尔良。萨缪尔下船后，四处打听开往亚马孙河的帕拉港口的轮船，但好几天都得不到确实的消息。而此时，他的口袋里只剩下 10 块钱了，他探险的信心也在逐渐消退。此外，有人还告诉他，10 至 12 年内不会有船去那儿的。萨缪尔的发财梦想就此破灭了。没办法，他只好另想办法谋生。

此时，一个念头突然闯入了他的大脑：做一名令人羡慕的领航员。因为萨缪尔和他的朋友们从小就听说，轮船领航员的地位是至高无上的。因为只有领航员才能在变幻莫测的大河上从容指挥船只，连船长也无权干涉领航员的行动，只有领航员才能决定船只该走哪边，而不该走哪边。萨缪尔从小觉得，世界上没有什么职业能比领航员更棒了。

此外，领航员的生活很有保障，生活比较富裕。在整个密西西比河流域的劳动者阶层中，占有着特殊的地位。他们跟工厂里的一般工人的收入相差悬殊，领航员每月工资 150 美元至 250 美元左右。而领航员这一职业，是当时全美国薪资第三高的职业。

主意打定后，萨缪尔变得立刻兴奋不已来。他迅速跑到轮船上，找霍雷斯·毕克斯比，请他收自己为徒弟。起初，毕克斯比拒绝了，因为带徒弟既无聊又无利可图。但是他熬不过萨缪尔的软磨硬泡。而且，随着这段时间的交流，毕克斯比发现这个乡下小伙子品行端正，勤奋好学，既不酗酒也不好赌。于是，他终于同意收下这个徒弟。按照当时的惯例，学徒必须交纳500美元学费。

萨缪尔做了毕克斯比的徒弟后，驾着"保罗·琼斯号"回到了圣路易斯。他向姐夫威尔·莫菲特借100美元，莫菲特非常爽快地答应了小舅子的请求。于是，萨缪尔把借来的钱交给毕克斯比，正式开始了他4年密西西比河上的航行生活。

要当一位称职的领航员，必须熟知大河上的一切情况。由于当时的轮船是由很容易燃烧的木材建造的，因此在晚间也不可以开灯。领航员需要对不断改变的河流有丰富的认识，因而可以避开河岸成百的港口和植林地。

当时，密西西比河上没有灯塔，也没有浮标，领航员导航只能凭借自己那非常准确的记忆力和判断力，才能使船只平安地航行。他们必须记住整个航道中每一米河道的模样。甚至连被河水淹盖的树杈也不能掉以轻心。

当领航员需要具有惊人的记忆力，随时准备承担风险。他们不但要极为准确地记住河道的全长，而且要分别牢固记住每一段航线的具体里程，昼夜之间的变化情况以及有关的水文气象预测知识等。

毕克斯比机智勇敢，经验丰富。在学徒期间，萨缪尔看到他总是从容地引导轮船行驶，即使遇到紧急情况，在他脸上也丝毫找不到惊慌失措的神色。

在毕克斯比的批评、喝斥、吼骂声中，萨缪尔身上的那股傲气所剩无几了。萨缪尔在1859年得到领航员执照之前，他花了两年多的时间，一丝不苟地学习研究了密西西比河的河道。

毕克斯比是一位老练精干的领航员，在同行中极受尊敬，同时他也的确是一个出色的师傅。他将船所经过的每一个城镇、农场、岬角、沙洲、岛屿、拐弯处，都一丝不苟地告诉萨缪尔，并告诫他要准备个本子，将这些都清清楚楚地记下来。

在航行过一段过后，毕克斯比会突然问萨缪尔一些问题，如"新奥尔良上游的第一个岬叫什么名字？"或者"你知道梅树湾是什么形状？"之类的问题。

当萨缪尔回答不出来时，他那火暴的脾气便立刻发作了，在一阵咆哮之后，他会耐心地教导萨缪尔。他说，要像黑暗中走进自家的客厅一样，弄清楚这蜿蜒曲折、岸上水底都变化多端的长河的琐细形状才行。在任何这样的阴影里，你无法看清暗礁，可是你心中有数，分明知道它在哪儿，航道的形状会提醒你，快要靠近暗礁了。

而在漆黑的夜晚和在星空下，河道形状是大不一样的。此外，还有各种不同的月色也会使河岸的形状发生变化。在一年多的学徒时间里，毕克斯比给萨缪尔耐心仔细地作过无数次这样的指导。

萨缪尔随身携带着一个笔记本，详细记载有关航道的各种情况。比如，为了绕过急弯，轮船需径直朝浅滩驶去，那么在多少米的河面上，朝什么方向前进，轮船才能安全通过呢？这一切都必须准确无误。

萨缪尔总是将沿河大小的景物牢记在心里，无论黑暗、浓雾或月夜，都不再使他感到惊慌失措。在圣路易斯和新奥尔良之间有 500 个浅滩，每一处急流和渡口水深他都一一记在脑子里。

有时候，当轮船停靠岸边后，萨缪尔就跟着师傅毕克斯比一起沿着河岸慢慢走着，他们是在及时地观察航道的变化情况，测量停泊处的水深程度，判断奥列霍湾一带的水面是否变宽。

毕克斯比对萨缪尔要求严厉，不让徒弟有任何自满和松懈的情绪，也经常告诫他遇到挫折时不要灰心丧气。毕克斯比说："你瞧，这都得学会才行，你想回避困难是不行的。"

多年之后，萨缪尔把师傅的这些教诲写进了他的长篇小说《密西西比河上》。

马克·吐温·闯荡世界

在一次又一次的航行之后，萨缪尔终于对密西西比河有了深刻的领会，他说：

> 那水面到时候便变成一本奇怪的书。……而且它不是读一遍就可以丢开的一本书，因为每天它都告诉你一个新的故事。在这漫长的 1200 英里之间，没有一页书是没有兴趣的，没有一页你可以弃之不读而无所失的，没有一页你要想把它越过，而想着你可以从另一件事上寻到更高的愉快。

艰苦的学徒生活磨炼了萨缪尔，使他养成了一种职业性的特殊敏感。后来，萨缪尔幽默地说，如果将一名领航员应具备的所有知识都装进脑袋里的话，那么他恐怕要拄着拐棍走路，才不至于使沉甸甸的脑袋掉落在地上。

在密西西比河上当领航员，不仅要有惊人的记忆力，而且眼睛要有本事读懂天空、河岸、水面、水下的各种隐秘的"文章"，还要有自信心，有足够的胆量和行事果敢的作风，才能在这条大河上自由地驰骋。

有一次，毕克斯比有意设下圈套，考验一下自己的徒弟萨缪尔。他让测水员谎报水深。

"深 7 米！5.5 米！5.5 米！4.5 米！4 米！4 米！"萨缪尔一时间吓得不知所措。

船的吃水是 2.5 米！萨缪尔吓得连摇铃通知机械师停机的力气都没有了。他跑到通话筒上，哑着嗓子对机械师喊道："呀，老本，你若爱我，使船后退！快，老本！退后保它的

命啊!"

这时候,萨缪尔听见身后面关门的响声,回头一看是毕克斯比,只见他一脸温和、甜蜜的笑容。接着,上层甲板上爆发出一阵哄笑。萨缪尔一下子明白过来了。他觉得自己像是做了件最见不得人的事,恨不得旁边有个洞,钻进去躲起来才好。

毕克斯比教导他说:"你应在这次经历中学点什么。不应让旁人动摇了你在这段知识上的自信心。还有,当你走进危险地方的时候,不能慌张和胆怯。胆怯是无济于事的。"

当然,萨缪尔不会轻易忘记这件令他羞辱的事,因为在事后的几个月时间,他仍听到有人说起那句他深感耻辱的话:"呀,老本,你若爱我,使船后退!"

在当领航员的日子里,也有令萨缪尔十分开心的时候。在驾过的大船上,如"阿列克·司各特号"、"约翰·罗乌号"、"宾夕法尼亚号"等,常常都载满了客人。

此时,萨缪尔就是这个船上的统领。他高高在上,立于豪华的领航室里,叼着烟管,以一副王子般的派头打量着下面各式各样的活动。无论是船长、船员,还是大亨、小姐,都同他打招呼。在船上,他还可以听到发生在世界各个角落的大小事件。这一切让他感到很充实,很自豪。

每次航班结束后,萨缪尔就感到如释重负,他怀着轻松愉快的心情,在圣路易斯城休息几天。姐姐帕梅拉一家在这里购置了一栋宽敞的房屋,母亲和弟弟亨利也从基奥卡克镇搬迁过来,与姐夫一家住在一起。这样一来,每当休假的时候,萨缪尔就会和家人团聚。

1858 年,萨缪尔的学徒期结束了,他成为了一名见习领航员,全家人都为此感到高兴。

痛失弟弟在自责中前行

萨缪尔成为见习领航员后，也有了一些资历。

有一段时期，萨缪尔的弟弟亨利住在圣路易斯，但没有找到工作。于是萨缪尔给亨利在"宾夕法尼亚号"找了一个职位，当上了二等文书，实际上就是船长的听差。

当时，萨缪尔在这艘快速邮船上当领航员布朗的下手。因为毕克斯比并非随时都方便带他，萨缪尔也时常被送给其他领航员带，布朗就是其中之一。布朗是位中年人，"细高个，骨瘦如柴，一张马脸总刮得精光，无文化，吝啬、恶毒、言语粗暴、专爱挑错，小题大做的专横者"。萨缪尔对他痛恨至极，但不能反抗，因为这是行规。

1858 年 5 月，"宾夕法尼亚"号从圣路易斯出发，开往新奥尔良。这是一次令萨缪尔终生难忘的航行。

在顺流而下的途中，亨利从船长那里传话给布朗，要在下游一个口岸停一下。布朗却不加理睬，装作没听见，径自将船开过了那个码头。

船长上来追问是怎么回事，"难道亨利没通知你在这里停靠吗？"

"没有，先生。他上来过，可没说什么。"布朗说。

"你听见他说什么了吗？"船长问一旁的萨缪尔。

"听见的，船长。"萨缪尔回答。

"住嘴！你绝没听见过这种话。"布朗恼羞成怒。

当亨利再次踏进驾驶室时，布朗便破口大骂，还打了亨利一个耳光，随后抓起火炉旁供领航员取暖的煤块，猛地朝亨利的脑袋砸去。站在旁边的萨缪尔实在是忍无可忍，他猛地扑向布朗，一下子将这家伙掀翻在地，用拳头狠狠地揍了布朗一顿。当时轮船由于无人掌舵，随波逐流，幸而没有遇到急流险滩，否则后果不堪设想。

布朗不肯善罢甘休，他威胁船长说，他与萨缪尔势不两立，要么他走，要么让萨缪尔滚蛋。船长心里也恨布朗的专横和独断专行，于是私下里同意萨缪尔，船到新奥尔良后由他掌舵。但是萨缪尔感到自己毕竟经验不足，因而产生畏难情绪，他婉言谢绝了船长的聘请。

出于无奈，船长只得继续雇请布朗，准备回圣路易斯后重新找人掌舵，到那时再让萨缪尔回来当助手。

这样，船到新奥尔良后，萨缪尔下了船，随后上了"艾·特·雷西号"。在"宾夕法尼亚号"动身两天后，该船也起锚逆水上行。

"雷西号"在密西西比州的格林维尔停靠时，萨缪尔听了"宾夕法尼亚号"发生锅炉爆炸的消息。船到阿肯色州的拿破仑镇时，一份报上登载了详尽的报道，提到亨利，但说他没有受伤。再往上行时，另一份报纸说亨利受伤了，有生命危险。一路上，萨缪尔的心里非常焦急。

因为此前，萨缪尔曾做了一个十分不好的梦。有一天早晨醒来时，萨缪尔发现自己做了一个可怕的梦，梦境很逼真。在梦中，他看到了亨利的尸体躺在一具金属的棺材里，胸前放着一大束鲜花，多数是白玫瑰花，中间是一朵红玫瑰花，棺材搁在两张椅子上。

终于，船到了孟斐斯，灾难的全部详情得以知晓。"宾夕法尼亚"号行至孟斐斯下游 60 英里处时，正是炎热的 6 月天的清晨 6 时，多数旅客和船员都还在睡梦中。

轮值领航员下令全速前进，结果轮船上 8 个锅炉中的 4 个突然爆炸，船体被炸成两截，浓烟翻滚，火光冲天，150 人葬身水底，布朗也在其中。

有很多人被气流抛进河里，亨利也被抛出老远落在了河里，离岸只有几百米。他向岸边游去，但他忽然想起自己没有受伤。船从新奥尔良起航前的晚上，哥哥萨缪尔对他说的那番话还在他耳畔回响。

在开船前一天的晚上，萨缪尔叮嘱弟弟亨利说："万一船出了什么事，不要慌，让乘客们去干蠢事吧！他们自有办法，他们自己会注意的。不过你得冲上最上层甲板，抓住左舷舵手室后面那唯一的一条救生船，听候大副的吩咐、命令。这样，你就能派点用处，船放下水以后，尽量帮助妇女、小孩上船，你自己要注意不必混在里边。现在是夏天，河面照例只有 1600 多米宽，你不用费什么劲就能游上岸了。"

一想起哥哥的嘱咐，亨利随即转过身，朝剧烈烧着的船骸游去，结果被烧成了重伤。

萨缪尔赶到时，亨利和其他 40 多名伤员躺在一个大厅的地板上。萨缪尔守在亨利的身边，照看他。

由于医生和护士人手不够，对亨利和其他受了致命伤的人，只能在优先抢救急重伤号的情况下尽可能地救治。但是，当地一位有名望的、心地善良的老医生佩顿对亨利表示了极大的同情，他采取了有力的措施。经过一周左右的时间，佩顿医生终于把亨利抢救过来了。

有一天晚上 23 时，佩顿医生对萨缪尔说，亨利危险期已经过去了，一定会好起来的。他接着说，这里到处躺着呻吟着的病人，如果乱糟糟的吵闹声影响到亨利，对他就不好。因此可以要求值班医生给他服用吗啡，不过必须是在有迹象表明亨利确实受到吵闹后才能服用。

亨利夜里常常疼痛难当，悲苦地号叫。后来，一个医学院还没毕业的年轻值班医生搞不清怎样算出用量，于是就想当然地干了起来，把一大块吗啡给亨利服了下去，结果产生了致命的后果。

此时，萨缪尔因为极度困乏，到一户人家睡了一会儿。恰恰就是他走开的这一会儿，亨利就出事儿了，他被送进了太平间。

弟弟的死令萨缪尔悲痛欲绝。亨利是他最亲爱的人，是他介绍亨利上船做事的，是他让亨利上了倒霉的"宾夕法尼亚号"，是他向亨利宣扬所谓的英雄主义。他觉得自己是一个难以饶恕的罪人。

此时，更令人惊讶的事情发生了：孟菲斯的一些太太们凑了60美元买了一具金属棺材。当萨缪尔到太平间看弟弟的时候，一位太太带来了一大束花，大多数是白玫瑰花，中间是一朵红玫瑰花。她把这束花放在了亨利的胸口上。这一切都和萨缪尔的梦境相同。

为了不使母亲知道这场噩梦，免得她伤心，萨缪尔后来只把这个噩梦记在《自传》里。

不满20岁的善良而又诚实的亨利·克莱门斯，被埋葬在他童年生活过的汉尼巴尔镇。萨缪尔安葬好亨利后，失魂落魄地回到船上工作。在度过痛苦、哀伤的几个月后，1859年4月，萨缪尔领到了正式的领航员执照。

面对艰险勇往直前

萨缪尔驾驶着"宾夕法尼亚号"快速客轮往返于新奥尔良与圣路易斯之间。他每月挣250美元，生活比较宽裕，他还经常接济手头拮据的哥哥奥利安。

在辽阔的密西西比河上航行，丰富了萨缪尔的阅历。就在这美好的日子里，一位美丽的少女闯入了萨缪尔的心中。那是一个夏天，萨缪尔驾驶着"宾夕法尼亚号"抵达新奥尔良港口，恰巧"约翰·罗号"也停泊在这里。萨缪尔怀着重返故乡般的感情，来到货轮上与老朋友叙旧。

这时，站在甲板上的亭亭玉立的15岁少女劳拉·赖特征服了他。他一见钟情，喜欢上了这个来自密苏里的姑娘。此后三天，除了晚上回船休息，萨缪尔几乎形影不离地跟在她的身边，享受着初恋的幸福。

可是，幸福的时光实在是太短暂了。到了第四天，随着船长发出的"'宾夕法尼亚号'倒车出港"的命令，萨缪尔与钟情的少女匆忙地分手了。短暂的邂逅，在萨缪尔的心中留下了难忘的记忆。

在密西西比河上航行，可以说是萨缪尔一生中最难忘的一段生活。他亲眼目睹了市侩、赌棍、奸商、歹徒和流氓为金钱而施行的种种欺骗、敲诈勾当，使他对社会、对人性又有了进一步的认识。

经过几年的奋斗，萨缪尔终于有了一份让人羡慕的职业和薪金。他以为，这就是他终身的事业，再不会有什么其他的变化了。领航员的生活，使萨缪尔结织了许多船长、水手长、水手和移民。他们每个人的经历都是一个动人的故事。萨缪尔记住了许多真实的故事素材，同时也记住了很多趣闻、笑话、传说故事。

在轮船上，年轻的领航员萨缪尔空闲时，喜欢讲幽默故事，他说话总是慢条斯理的，他经常采用第一人称"我"的叙述手法，来讲故事。这样他既是讲故事者又是故事中的主角，因此大家听起来觉得更加幽默。

萨缪尔在讲述怪诞的可笑的故事时，和现在一些著名的喜剧大师一样，常常装出一副一本正经的样子，他从来不露出一丝笑容。大家都很喜欢和萨缪尔待在一起，因为从他身上，大家能得到快乐。虽然也有人试着学他给别人讲笑话，但是这种板着脸讲笑话的本事是很多人都学不来的。所以大家很佩服他的这种能力。

在当领航员的这段时间里，萨缪尔没有进行多少文学创作，也没有给报刊写过稿件，但他却搜集了大量的笑话和故事，读了大量的小品和有趣的文章，而且经常到图书馆看书。这些他搜集来的笑话和小故事以后都成为他进行幽默文学创作的素材。后来，萨缪尔开始发表一些幽默作品。这些幽默作品的发表也为他之后成为一代幽默大师奠定了坚实的基础。

马克·吐温晚年回忆时说："我从来没想搞文学，从来没想到要和文学打交道，只是一些偶然的因素，使我拿起笔从事文学创作。"这些无心插柳柳成荫的例子在马克·吐温先生身上得到了充分的验证。

自19世纪30年代以来，美国的社会生活悄然发生着变化，北方愤怒的人们在谈论废除蓄奴制。而南方的大农场主们坚决反对废除蓄奴制。1860年11月，亚伯拉罕·林肯当选为美国总统。林肯是北方解放黑奴的代表，林肯当选之后不久，南部主张蓄奴的各州纷纷宣布脱离联邦，他们想继续保留黑人奴隶制，于是南方代表们决定并成立一个新的联邦，另选总统。

1861年1月26日，萨缪尔所在的船停泊在新奥尔良。这天，路易斯安那州议会通过表决，同意脱离美利坚合众国，加入南部联邦。第二天，萨缪尔开始北上，一路穿过许多条由小船组成的封锁线后，抵达圣路易斯。

此时美国南北方矛盾已经到了剑拔弩张、一触即发的程度了。南北双方的代表都在为武力斗争在做最后的准备工作。

这是萨缪尔当领航员的最后一次旅行。1864年4月，南北战争全面爆发，密西西比河上的航行因为南北战争而被迫中断，萨缪尔不能再继续从事领航员的工作了。因为此时国内已经乱作一团，熊熊战火已经燃烧到密西西比河上了。萨缪尔的领航员生涯因此结束。

当萨缪尔回到圣路易斯，住在姐夫莫菲特家里时，该城的废奴派已经掌握了政权，正在组织兵船准备沿着密西西比河深入到南部内地各州进行作战。政府军急需熟悉航道、经验丰富的领航员。

萨缪尔是个业务娴熟的领航员，但他不愿意为政府军服务。因此，他不得不在圣路易斯东躲西藏，几天后逃到了汉尼巴尔镇。汉尼巴尔镇位于密苏里州的北部。密苏里州是一个奴隶州，并被大部分人视为是属于南部的一部分，但密苏里州并没有加入联邦。

当战争开始时，萨缪尔和他的朋友加入了一个联邦的民兵部队，并加入了一场战争。在那场战争中有一个人被杀了。此时，萨缪尔发现，他根本不能忍受自己杀任何人，于是他选择了离开。

此时，哥哥奥利安因印刷所经营不顺，于是重新挂起牌子承办法律事务。可还是没有上门的业务。无论是印刷所还是法律事务所都没能给哥哥奥利安带来能够温饱的收入。此时，奥利安一家的生活很是困窘。

林肯总统的上任，终于给奥利安带来了福音。还是在圣路易斯当印刷所学徒时，奥利安便与爱德华·贝茨结下了深厚的友谊，而贝茨如今成了林肯总统内阁的一名成员。在他的举荐下，奥利安得到了内华达准州秘书的职位，掌管财政、行政等事务，年薪是1800美元，这在奥利安看来，是非常可观的收入。但是因为他住在卡森城。却要去内华达走马上任，便想把萨缪尔带去做他的私人秘书。

在内战爆发前夕，内华达开始成为美国开采贵重金属最重要的中心之一。很多人都带着淘金的梦想来到这里。慢慢的，随着淘金热潮的逐渐高涨，内华达州也开始慢慢地繁荣起来了。

到内华达要搭乘横贯大陆的公共马车，旅费全由萨缪尔来支付，这是一大笔钱。萨缪尔还随身带了他过去积蓄下来的 800 美元，全是银元，分量很重。除此之外，萨缪尔还带了另一个累赘，就是《大字典全书》，重 1000 磅左右。马车公司对超重的行李按两计价，字典超重所花费的钱也很多。

1861 年 7 月 26 日，萨缪尔和哥哥奥利安乘船行至圣约瑟夫，再换乘长途公共马车，辗转向西部进发。马车上满载着邮件，奥利安和萨缪尔坐在一大堆的邮袋上。他俩穿着褶皱的沾满泥土的衣服，头上戴着宽边帽，腰带上挎着左轮手枪，完全是一副淘金者或西部农场主的打扮。

他们昼夜兼程，穿越草原，跨越山岭，行驶在崎岖不平的小路上。7 天后，他们驶进了刚从印第安人手中夺过来的地区。这一带是印第安人和各路强盗、土匪经常出没的地带。这里的地理位置是非常凶险的。因为一不小心，如果遭遇到印第安人或者强盗、土匪之类的，那后果是不堪设想的。虽然他们身上也带着枪，但是作为从来没有打过人的这对兄弟来说，想要战胜土匪、强盗还是很困难的。所以他们在途中还总是提心吊胆的。

有一天夜里，一名传递快件的邮差骑马从驿车旁急驶而过。突然，传来了枪声，邮差中弹了。他忍着伤痛，拼命地骑马而逃。

萨缪尔他们乘坐的驿车来到途中的一个小站停宿时，恰巧遇到驿站长在跟隐藏在附近树林里的印第安人进行枪战。这时，他们才发现马车夫前天夜里就受了点轻伤，心里不免惊慌起来，但是车夫却毫不在乎。因为车夫经常驱车行驶在这没有开发的荒凉地带，时常遭到印第安人或者逃犯、歹徒的伏击，他已习以为常了。

　　路途的颠簸和恶劣的饮食，以及一路上发生的险情，让萨缪尔他们困苦不堪。大约走了 11 天后，他们到达了大盐湖城，在此地休整了两天。盐湖城是摩门教的信徒们在 14 年前建立的，他们一般都是来自俄亥俄、密苏里和伊利诺伊等州的移民，在家乡被视为异教徒受到迫害，这里于是成为他们的避难地。

　　只见街道整洁宽阔，市镇上还开设了不少作坊、工厂和店铺，居民们都在忙忙碌碌地工作着。这一切给萨缪尔留下了很深的印象。

　　随后不久，他们就又登车，继续在沙尘与荒野中穿行。7 天后，他们终于抵达了内华达州的首府卡森城。

投身淘金大潮中

早在萨缪尔他们来到内华达之前，也就是三年前，人们就曾在内华达地区意外地发现了金银矿，并且这里的矿产资源极为丰富。这一惊人的发现，立刻吸引了无数人的目光。

人们趋之若鹜，不辞辛劳、争先恐后地从各地赶到内华达，他们那颗渴望获得财富的激情从来没有削减过。这是在继加利福尼亚之后，再次掀起的一场如火如荼的淘金热潮。

当萨缪尔和哥哥奥利安来到此地时，全城的人民正沉浸在无边无际的"寻金梦"中。数以千计的人们涌向这里，做着开矿发财的美梦。

随着大量的金银被不断地从地下开掘出来，内华达很快就成为一个令人瞩目的地区，成立州并组织地方政府已经势在必行。

内华达准州是在萨缪尔他们到来的 6 个月前就宣告成立的。总统林肯已经决定指派纽约的一位有名的政客任准州州长，他就是纳伊。纳伊当然是欣然应允。他愿意来到这个偏僻的地方，显然是另有所图的。

内华达在当时的政府及老百姓们看来，无疑是最具发展前途的地区，不久的将来就会成为州。纳伊时常这样想着：到了那个时候，我就可以理所当然地当上了联邦参议员。这就意味着，我就可以住在华盛顿，并对许多事都有发言权了，也就会有更多的捞钱机会了。

奥利安到达以后，就同萨缪尔一起住进了一家为政府官员新建的公寓内。很快，在纳伊的率领下，他们开始了新的工作。

萨缪尔来到此地以后，总能听到各种各样的新近发生的事情。人们传播一件事情的速度绝不比发生一件事情要慢多少。除了那些关于械斗、杀人的消息外，他们听得最多的就是不断发现新矿脉的传闻。卡森城的2000居民都是矿工，其中有不少人都因淘金转眼间从穷光蛋变成了大财主。

萨缪尔在听了各种传说，看到了运进卡森城的无数银砖后，就再也沉不住气了。他对这件事是如此地关注，以至于彻夜难眠。他经过深思熟虑，最后决定购买矿上发行的股票，并以极大的热情加入到开采银矿的人流中。

拥有巨大的财富，想必世界上再也没有比这更能激励人心的事了。对！心动不如行动，萨缪尔想到这里，立刻找来老铁匠巴路和两个青年律师，和他们共同商量这件事。

一切都安排妥当了，甚至包括旅途中可能遇到的问题以及解决问题的办法。他们达成了一致意见后，萨缪尔便买了一辆陈旧的马车。

一个阳光灿烂的早晨，天气晴朗无风。

"这可真是个难得的好天气！"萨缪尔兴奋地说。

他们4个人早早地起来，七手八脚把必备的食物、生活用品和工具等都装到了马车上。然后，由两匹老马拉着，前往离卡森镇320英里的尤林威尔勘探银矿了。

如果他们这次计划能够取得成功，就将预示着从未有过的收获。这些梦中的银子似乎就在他们的眼前一样，不停地晃来晃去，跳动着，挑拨着他们敏感而又脆弱的神经。

令人始料未及的是，一切并没有想像中的那么美好。在那寒冷的季节，他们走得是如此辛苦。别说没有一处可以浏览的风景，就是连块歇脚住宿的地方都很难找到。

走累了，他们就找一处相对平坦的地方，暂时歇歇脚，避风是不可能的，四周总是白茫茫的一片，空空旷旷。饿了，就吃点随身携带的食物，渴了就喝点用雪化成的水。

随着脚步的前行，目标近在眼前，他们似乎看见了希望的曙光，便越发加快了行程。

就这样，他们满怀着希望在冰天雪地里，走了整整十几天。最后，萨缪尔一行人终于来到了尤宁维尔，这个离卡森城约 320 英里远的小村庄。

说它是村庄，也不过几栋简易房子而已。只有一些用木板条搭建的简陋不堪的小棚屋，这些棚屋还是前来寻矿采矿的矿工们临时搭建的。屋子里的布置也非常简单，甚至可以说没有任何布置。在冰天雪地里，在这样异常寒冷的地方安家，简直就是"自杀"。

在他们 4 个人当中，除了巴路了解关于矿藏的知识，具有一些采矿经验外，其他的人对这些简直是一窍不通。

在老铁匠巴路的指点下，他们翻山越岭，开始行动了。他们仔细地探寻着可能会有矿藏的每一处角落。随后，这 3 个人在巴路的指引下，也很快学会了如何在众多的石头中准确地辨认出哪种是银矿石。

当他们发现某处可能有银矿时，神经就变得异常兴奋。于是，赶紧用铁镐、炸药、钻头等工具，采挖矿的坑道。可是令人失望的是，他们挖了一个又一个，什么有价值的东西也没见到，没有一个坑道是有矿藏的。

时间在一天天地逝去，粮食也被吃得差不多了。再继续下去他们就可能会陷入全军覆没的境地，甚至有可能被冻死在这里。

于是，失去信心的萨缪尔同巴路一起放弃了原定的计划，决定改变计划，去埃斯摩拉尔达碰碰运气。

埃斯摩拉尔达是另一个很有发展前景的矿区，但萨缪尔他们的运气依然不是很好。两个人和另一位刚入伙的成员加尔文·希格贝一起，拿着钻头、铁镐，终日在山上挖掘，但始终没有任何收获。

一天又一天地用镐挖土，用炸药爆破，他们不知流了多少汗水，手掌不知结了多少茧子，却仍然看不到希望的曙光。萨缪尔、巴路和希格贝开始感到厌倦了。

他们现在已经不再像最初那样寻矿心切了。也不会像原来那样，整天去山里探矿了。有时候，他们甚至就待在工棚里休息，哪儿也不想去；或者一起玩扑克散心；或者到附近的村镇上闲溜达。

镇上与村子不同。这里到处是酒馆、妓院、赌场，街道上弥漫着喧扰的气息。在这灯红酒绿中，人们开始释放一天的劳顿，寻找白天里没有的刺激。于是，经常有人在喝醉酒后闹事，持枪斗殴的事情也是不断发生。

晚上，为了消磨枯燥乏味的时光，喜爱写作的萨缪尔就常常拿起笔来，以缓解心中的烦闷和寂寥。他经常坐在灯下写一些关于矿区生活的通讯。他以"卓什"作为笔名，把写好的稿件寄给弗吉尼亚有名的《企业报》。

令萨缪尔没有想到的是，那些富有情趣的矿工生活的描写，恰恰迎合了报馆的要求。他的作品不仅贴近生活，而且笔调轻松、幽默，因而受到了编辑们的极大赏识和读者的普遍欢迎。虽然说写稿子也能挣点儿钱，但萨缪尔还是舍不得放弃开采银矿的计划。

在外久居的日子，时常让人思念故里。有时，萨缪尔会在夜深人静的夜晚，拿起笔来给家里人写写信，以倾诉他内心的苦恼。他在给姐姐帕梅拉的信中说：

我只不过夸夸其谈，其实毫无效益，我只不过浪费资金，其实没赚一分钱。我的双手至今没有摸过属于自己的金银锭。这样的境况，你恐怕想象不到吧。

但是，萨缪尔并没有而因此停止找矿的计划。他不甘心就这样一无所获，空手而归；他也不想自己的苦苦奔波毫无结果。他继续和希格贝在山坡上、河谷底寻找着；他们不断地在砾石堆、坑道里挖掘、爆破，但是失望也总是不断地打击着他们。

到了 1862 年夏天，萨缪尔的手中除了握有一些仍然没有升值的矿山股票和无利可图的矿井开采权以外，一无所有。在饥寒交迫中，萨缪尔的生活变得异常艰难。他每天都在为如何喂饱肚皮而犯难。

有一次，萨缪尔连续几天几夜都没东西吃了。他奄奄一息地躺在破旧的小屋里，蜷曲着身子，无力地喘息着，几乎快饿死了。就在这时，一位心地善良的朋友发现了他，救了他。

当萨缪尔的身体渐渐恢复后，他开始为自己谋划生路。最后，萨缪尔不得不选择去一家选矿厂当劳力，做苦工。在那里，他终日劳作，整天不得休息，每星期也只挣 10 美元。他还是处于半饥半饱的窘境，生活极为艰难。

正义和幽默的记者

处在艰难的困境之中，让萨缪尔一筹莫展。突然有一天，他想起了曾经发表过他写的通讯稿的《企业报》。于是，他给哥哥奥利安写了一封信，请哥哥转告《企业报》的编辑先生。

在信中，萨缪尔说：

> 我准备寄给他们所需要的通讯之类的稿件，只要求每星期付给我 10 美元的稿酬，以解燃眉之急，使我能勉强地维持生活。其实，谁又能像我这样为微薄的稿酬，从早到晚收集材料呢？

没想到事情进展得很顺利，1862 年年底的一天，萨缪尔收到了《企业报》老板兼主编古德曼写给自己的一封言辞恳切的信。信中说，《企业报》的记者威廉·赖特要去依阿华州探亲，行期 3 个月，问萨缪尔是否愿意在他离职期间接替他的工作。每周 25 美元工资。

萨缪尔真是高兴万分，他匆匆地与希格贝道别，去了弗吉尼亚市。

弗吉尼亚市位于内华达最先发现银矿的科姆斯托克中心，是个正在迅速崛起的城市。市民大多数是矿工、车夫、店主、赌棍、流氓，此外还有发了财的大富豪。这些市民读报的口味可不像东部人那样的"斯文"、"儒雅"，他们要听幽默，要听尖刻的粗俗的笑话，爱读趣闻逸事、小品文和一些耸人听闻的消息。

萨缪尔作为《企业报》记者，负责采访当地的新闻。但是，《企业报》需要的不只是一名普通的记者，它离开了奇闻逸事、笑话、幽默小品就没有多大的销路。因为长期生活在贫穷落后的边疆地区的人们文化生活极其缺乏，他们终日奔波劳碌，压力很大。他们只想痛痛快快地休息，忘掉忧愁和烦恼。

而萨缪尔从矿区寄来的稿件，很符合这些人的口味，能满足他们的心理和欣赏需求，这也正是《企业报》老板古德曼请他来接替那份工作的原因。

1863 年，萨缪尔正式任《企业报》记者，他走遍了弗吉尼亚城，搜集整理种种新闻趣事，写成新闻性小品刊载在"幽默专栏"里。

作为一名正直的记者和公民，萨缪尔对当地一些无法无天的现象深恶痛绝。他对草菅人命的法官、陪审员以及肇事后逍遥法外的暴徒大为愤怒。于是，在报道中，他经常对一些事情发表评论，提出批评。

一次，报馆派萨缪尔到卡逊市报道州会议情况。他每周寄回一篇报道，周日见报。萨缪尔每天在议会里面，根据仔细斟酌过的是非标准，分别表示赞许与指责。每天早上登在《企业报》半个版面上。这样一来，萨缪尔就成了有影响的人物。

由于萨缪尔对议员们的脸谱勾画得惟妙惟肖，对他们迂腐的作风、颓废的精神状态描写得真实深刻。所以，寄回来的报道大受欢迎，同时也使议员们感到十分尴尬，会议无法进行下去。被挖苦的议员们用不伦不类的头衔称呼文章的作者。为了保护自己，萨缪尔想用一个笔名撰写文章。

萨缪尔想起了密西西比河上测水员的呼号"Mark Twain"，其意为两英寻，等于 2.2 米，在此深度，船只可以安全通过。于是，萨缪尔用它作为自己的笔名。

从此，《企业报》上经常有"马克·吐温"写的文章，其讽刺的笔调十分犀利，深受普通民众的喜爱。"马克·吐温"的名气在读者中也越来越大。

1863 年，"马克·吐温"这个笔名被萨缪尔正式用于通讯中。利用记者职业的影响，马克·吐温设法让议会通过了一项法律：要求本州内每个从事营业的公司必须把执照作详尽的登记。而这项工作是由马克·吐温的哥哥奥利安负责的。

所有执照的措辞是相同的，奥利安有权为了登记执照，按每页 100 字收费 4 角钱，每一个证书则收费 5 美元。每个人都可以申请公路通行的特许，不过没有所有权。可是这个特许的权利也必须登记付款，每个人都是一个开矿公司，就必须为此而进行登记付款。这给兄弟俩带来了一笔丰厚的收入，每个月平均达 1000 多美元。

南北战争以北方的胜利而告终。内华达建为州后，奥利安由于没有主见，在选举中落选了，于是他失去了丰厚的收入，失业了。

此时，马克·吐温写的一些讽刺性小品文，笔法精妙，常常可以以假乱真。他曾写过一篇《石化人》。在这篇小品文中，描述说有人发现了 300 多年前死去的人的一具尸体化石，当地的法医对"石化人"进行了检验，陪审团展开调查，证实"石化人"是由于长期暴露而死亡的。随后，当地居民决定为石化人举行基督教的葬礼，但他的姿势看起来离奇古怪，特别是右手的 5 个指头抵撑得太宽，因此只得取消了葬礼。

在这篇小说里，马克·吐温采用影射、双关语等手法，对当时弗吉尼亚刮起的一股"石化风"进行了讽刺。

文章写得很巧妙，以至于许多人读了之后都以为是真事，许多家报纸还将其作为一篇科学报道加以转载。

另外一篇文章写的是一起骇人听闻的凶杀案，标题叫《帝国城大屠杀记》，事件发生于离卡森城不远的一个松树林。凶手杀死了自己的 9 个孩子，剥掉了妻子的带发头皮，最后用刀割断了自己的咽喉。

在文章的结尾，作者解释说，凶手是因为轻信报上登载的一些谎报红利的消息，购买了那些公司的股票而导致倾家荡产，在精神错乱中杀妻灭子的。

这个故事也达到了以假乱真的效果，一家加利福尼亚的报纸立刻转载了它。而当地人发现，在文章中详细描写的案件发生地，根本就没有什么松树林。而马克·吐温写此文的用意十分明显，他要控拆那些奸诈狡猾、不顾他人死活的投机商和损人利己的公司老板。

马克·吐温尽情地创作着他的"西部幽默"，他还当面向阿特穆斯·沃德、威廉·赖特等幽默高手请教。此时，马克·吐温已经有了一套美国幽默家所具备的本领。他的文章不只刊登在西部的各种报刊上，纽约的杂志上也能见到。

1864年4月，《企业报》老板古德曼要去旧金山度假一周，他便指定由马克·吐温代理主编职务。主编的重要任务是每天写上一篇评论。当时有个习惯，就是各报纸之间喜欢互相指责。

因此，有一天，马克·吐温实在找不到什么可加品评的重大事件，于是他在报上发了一篇评论，攻击同城另一家报纸《弗吉尼亚联合报》的老板莱尔德。文章即刻得到回应，第二天，对方的报纸上也发了一篇文章，同样尖酸刻薄地攻击马克·吐温。

依照内华达当时的风气，只要你说了对他人不敬的话，对方光口头上还之以"礼"是不够的。依照礼节，应该由他发出挑战书。因此，马克·吐温他们就等着他来挑战。结果等了一天，没有等到挑战书。同事们越来越沮丧了，而马克·吐温却很高兴，因为他根本就不想挑起决斗。

但是，同事达盖特却是个好事之人，他主动替马克·吐温写了挑战书，选了名副手史蒂夫·基利斯，并由副手将挑战书送过去。接连送去几次挑战书后，莱尔德才勉强接受了挑战。

同事们有说不出的高兴，他们帮马克·吐温立好了遗嘱，而这对当事者来说，又是一件多么令人不愉快的事。这次决斗定在凌晨5时进行。

在凌晨4时多的时候，史蒂夫·基利斯带着马克·吐温来到一个峡谷中练枪法。他们借了一扇仓库的门板作为靶子，这个门板是从一个到加利福尼亚州去做客的人那里借来的。他们把门板竖起来后，在门板中央搞一个围栏代表莱尔德先生。不过，围栏还不能完全代表他，因为莱尔德比围栏要长些，身子要瘦些，要打中他是很难的。

说实话，马克·吐温的枪法实在是不怎么样。他先对准围栏的横木打，可是打不中。接着，他又对准门板打，还是打不中。此时的马克·吐温真是沮丧极了。当他们听到旁边一个山谷传来手枪射击的响声，马克·吐温他们知道，这一定是莱尔德的人在训练他。

恰在这个时候，一只像麻雀那么大的小鸟飞过来，停在了30米外的一棵山叉树上。史蒂夫猛地抽出手枪，把小鸟的脑袋打掉了。他们随即奔向前去，把小鸟捡了起来。

而恰恰在这时，莱尔德他们从山梁那边过来，走到他们这里。莱尔德的副手一见小鸟的脑袋都被打掉了，脸色都变了。

"是谁打的？"莱尔德的助手问。

"克莱门斯打的。"史蒂夫抢在马克·吐温之前，从容地答道。

"噢，太妙了，山雀隔多远？"

"哦，不算远，30来米吧！"

"枪法高明，真是佩服。命中率怎么样？"

"嗯，大致是5发4中吧。"史蒂夫从容地说。

"哟，这枪法真是高明极了！我还以为他连一座教堂都打不中哩！"这个副手说完后，他急忙走到莱尔德跟前，凑近去告诫道："绝对不能跟这种人决斗，这岂不是等于自杀吗？"于是，莱尔德和副手转身就走，拒绝跟"神枪手"马克·吐温决斗。

不过，走的时候，莱尔德的两条腿跌跌撞撞的。随后，莱尔德给马克·吐温写了一封亲笔信，说无论什么条件，他都不会同他进行决斗。

就这样，马克·吐温的命算是保住了，因为后来他们得知，莱尔德曾创造了6发4中的纪录。

马克·吐温与莱尔德决斗的消息，一清早便迅速地传遍全城。这可是条招惹祸事的消息，因为按照弗吉尼亚城刚刚通过、即将生效的一项法令，提出挑战的马克·吐温和史蒂夫将要被判处2年监禁。

诺思州长的密友传来回信，让他们乘第二天凌晨4时的公共马车离开本城，过后将派人搜捕他们。如果那一班公共马车出发以后，马克·吐温他们还在本州境内，他们就会不可避免地成为新法律的第一批牺牲品。

得知这一消息后，马克·吐温和史蒂夫二人匆忙收拾东西，准备离开。在坐上第二天凌晨4时的马车之前，马克·吐温和史蒂夫便待在住处不出去，显得格外地小心翼翼。除了有一次史蒂夫到旅馆照料一下马克·吐温的另一个主顾卡特勒。

在马克·吐温执行主编一职期间，莱尔德是他试图改造的人之一。卡特勒是卡森城人，他从旅馆派人来下挑战书。史蒂夫前去安慰他一番。史蒂夫体重虽然只有95磅，但他在全州闻名，没有人能打过他。

史蒂夫是吉利斯家的人，而只要吉利斯家有一个人出面，就不是好惹的。所以，卡特勒一见是史蒂夫担任马克·吐温的副手，他的心就凉了。他渐渐平静下来，变得讲道理了，听劝了。史蒂夫限他15分钟之内离开旅馆，半个小时离开本镇，不然的话，后果自负。

因此，这一场决斗也就如此顺利地过去了。卡特勒马上离开了本镇到卡森城去了，改邪归正后他成了一个好人。

此后，马克·吐温与决斗就毫不沾边了。他坚决反对决斗，因为他认为那是十分愚蠢的行为，也深知那是危险的、作孽的蠢事。

在第二天的黎明之前，马克·吐温和史蒂夫乘车逃了。他们经过长途跋涉，来到了美国西部的重要城市旧金山。旧金山濒临太平洋，在前些年因发现金矿引发淘金热而迅速发展起来。

马克·吐温和史蒂夫到达旧金山后，先在旅馆里找了个房间，暂时安顿下来。随后，马克·吐温开始为《文艺周刊》、《加里福尼亚人》等杂志撰稿。他从美国西部各州民间文学中吸取了丰富营养，创作出了一些很有特色的文学作品。

在写作之余，马克·吐温贪婪地读书。无论是莎士比亚的戏剧，还是但丁、塞万提斯、拉伯雷、斯特恩、狄更斯、萨克雷、拜伦等作家的作品，他都非常喜爱。丰富的知识充实了马克·吐温的头脑，提高了他的艺术修养。

于此同时，马克·吐温有幸与当时美国著名新闻记者、作家弗兰西斯·布莱特·哈特相识。哈特具有远见卓识，发现了马克·吐温的天才，并以极大的热情和真诚帮助马克·吐温，使他在艺术修养、文学技巧等方面都有了不小的长进。

不久，马克·吐温在当地的《晨访报》找到一份记者的工作，而且是该报唯一的记者。

每天上午 9 时，马克·吐温就得到警庭去一个小时，对前一晚发生的争吵事件作一个简短的记录，工作极端单调和沉闷。据马克·吐温所知，对这些琐碎的争吵事件唯一有兴趣的人就是警庭的译员了。这个译员是一个英国人，他熟悉多种中国方言。每隔十分钟，他便换一种方言。这种锻炼使他精力充沛，脑子清醒。

去完警庭，然后就得去高等法院，记录一下前一天作的判决。他每天辛苦摘录的这些案例判决都会被列入"日常新闻"这一栏。这些法律类的新闻也就是为了满足一些无聊的人的茶余饭后的谈资。但是这些新闻全都是真实发生的案件，这样的新闻才会让人更觉得有意思。

在其余时间里，马克·吐温要在全市尽可能地搜集一些资料，填充到各栏目内。但是并不是每天都会有那么多的案件发生，为了防止报纸"开天窗"。如果实在没有什么案例可以报道的话，就需要编出一些新闻来。

晚上，马克·吐温就往六家戏院跑，每家戏院停留5分钟，把戏剧或歌剧看上一两眼，然后仅凭这"一两眼"，就"详细报道"这些戏剧和歌剧。一年到头，每天晚上都绞尽脑汁，力争对这些演出报道出新的内容。

从每天上午9时至晚上23时，为了搜集材料辛苦工作一天后，马克·吐温又开始用词句凑成拙劣的作品。总之，他要想方设法填写规定的版面。本来两个记者的工作量，却由马克·吐温一人承担，累得他精疲力竭，头晕目眩。

"这委实是可怕的苦差事，没有灵魂的苦差事，可说是毫无趣味。"马克·吐温对此抱怨很深，但为了生活，只好硬着头皮工作。

一天，马克·吐温在街上看到几个恶棍放狗咬一个中国人，还向他扔石头。这个中国人正沉重地背着信奉基督教的主顾们每周换洗的东西。而警察却站在一旁，不但不加以干涉，而且还兴致勃勃地看着这场闹剧。

马克·吐温一腔怒火，回去后他立刻将这件事写下来，交给编辑排发。可是等了三天后，仍没有在报上见到那篇文章。最终，马克·吐温从工头那里得知，《晨访报》是给洗衣妇们这些穷人看的报纸，是一种廉价的报纸，它的生存依靠这些穷人，就必须尊重他们的偏见，否则报纸随时都会夭折。而爱尔兰人是《晨访报》的主要支柱，没有他们的支持，报纸连一个月都生存不下去。最重要的是，这些爱尔兰人是憎恨中国人的。因此，登了稿件自然就会触犯订户。

通过这件事，马克·吐温清楚地看到偏见是如何轻而易举地战胜了正义。

在美国这片土地上有这样一条真理：有钱有势的人是可以任意侮

辱那些背井离乡、没有地位的移民的。在美国的中国人没有任何民主权利可言，其他移民也没有。一有机会，有钱的富人就可以欺侮这些善良的人，或者侮辱他们的国家。马克·吐温认为这些美国人的可耻行径和他们侵略的本性玷污了美国国旗，然而这些可耻的人却以此为荣。

在旧金山，除了歧视外国人的事情以外，各种污秽肮脏的事还有许多。市长、警察、富豪们相互勾结，贪污贿赂，徇私舞弊，各种恶劣腐败行为比比皆是。

马克·吐温在报上发了多篇揭露文章，从而引起了警方的愤怒。有消息说，一旦他失去《晨访报》的庇护，就立即对他进行报复。马克·吐温迫于警方和老板的压力，不得不离开。

进军文坛

人生在世，必须善待处境，万不可浪费时间，做无益的烦恼。

—— 马克·吐温

成为焦点人物

在旧金山，马克·吐温靠着稿酬，本来过着较为安定的生活。但是，由于发生了一个意外事件，使得马克·吐温不得不离开。

一天夜晚，马克·吐温的朋友史蒂夫·基利斯跟人打架斗殴，把一个酒馆的老板打成了重伤，当即以犯有杀人未遂罪而遭到了逮捕。马克·吐温为了史蒂夫，主动到警察局具保，但史蒂夫在获得假释后逃跑了，没有到法庭受审。警察局追究担保人马克·吐温的法律责任，因此他被迫逃出了旧金山。

史蒂夫的哥哥詹姆斯是个老淘金者，在深山老林里修建了一座木板房屋，他得知总爱惹事的弟弟使马克·吐温受到了牵连而无处藏身时，就热情地邀请马克·吐温到他那里躲避一段时间。

于是，1864年12月，马克·吐温跟随詹姆斯去了内华达山区的采金小屋，过起了采矿工的艰苦生活。

马克·吐温白天和几个矿工在山坡上做些轻松的挖掘，晚上则在小屋里听詹姆斯和其他矿工讲故事。这些老矿工都是讲故事的能手，他们叼着烟斗，坐在火堆附近，编造一些离奇、浪漫的故事。

詹姆斯收藏了许多好书，他擅长讲故事。到了夜晚，马克·吐温就喜欢跟他聊天，听他讲一些诙谐幽默的民间故事和传说。

在猎户、农民和淘金者中，流传着一个"回声"的故事。故事中的"我"来到某地，看见远处巍然耸立的高山，由于相隔遥远，说话的声音到达山谷后又传回原地时，需要6个小时。为了不至于睡过头，只要在入睡前对着高山放声喊道："该起床啦！"第二天清晨，回声就会及时地喊醒你。这个故事听起来真是有意思极了。

每晚，在摇曳闪烁的火光里，马克·吐温就默默地吸吮着西部幽默故事的乳汁。

马克·吐温后来在演讲中反复讲述的小故事《什么事难倒了蓝樫鸟》，也是在此时听詹姆斯讲的。说的是一只蓝樫鸟叼了一个橡子，落在木屋子，碰巧看到一块木板上有个节疤眼，它就把那橡子扔进去。谁知那个洞是直接通向屋里的，那只可怜的、天真的鸟却想叫屋里堆满橡子。

詹姆斯丰富的想象力，曾给他招来了很大的麻烦。有一天，一个印第安女人走过来，想向他们兜售大青梅那样的野果。迪克·斯托克住在这木屋里已经有 18 年了，他知道这种东西吃不得。不过，他也没有什么坏心眼地说，他以前从没有听说过这种果实。

然而，这句话对詹姆斯来说就足够了。他把这种鬼果子大加赞颂，说得是天花乱坠。他说自己吃过许多次了，吃起来只要加点儿糖煮一煮，在美洲大陆上再也没有什么东西比这个更美味的了。

迪克实在是听不下去了，他打断了詹姆斯的话。迪克说，既然果子这么鲜美，为什么没有在当地种一些呢？这一问，使詹姆斯张口结舌地站了好一阵子。但是詹姆斯不是那种甘心屈服或承认错误的人。他假装说，能有机会再一次欣赏上帝赠送的珍品，真是太好了。随后，他把这些果子买了下来，还笑眯眯地说，能有这个口福，他真是高兴极了。倘若迪克和马克·吐温不想和他一起品尝的话，他也不在乎。

随后，詹姆斯拿来了一只 3 加仑的煤油筒，灌了半筒水，放在火上。把十来个鬼果子倒了进去，等水一开，他便把一把红糖放进去。水还在开，詹姆斯时不时地尝一尝这糟透了的食物，这果子越烧越烂，越烧越软。他就舀起一调羹尝一尝，咂咂嘴，装得很满意的样子，同时还说最好再加点儿糖。随后，詹姆斯就把一把糖倒了进去，让它再开一会儿，一把糖又一把糖放进去。

詹姆斯一连尝了 2 个小时，迪克和马克·吐温在旁边一直在笑他，嘲弄他，可他则一点也不动声色。

最后，詹姆斯说果子烧好了，烧得非常好。接着，他给大家每人舀了一份。但是，大家发现那么多糖根本就没有改变果子可怕的酸味，酸得让人受不了。

大家尝了一下就都放下了，可是詹姆斯还在一点一点地喝，并且还一个劲儿地赞不绝口。到后来，连他的牙齿和舌头都发痛了。在后来的两天里，詹姆斯一点东西也没吃，牙齿和舌头痛得厉害，根本就碰不得。即便如此，詹姆斯仍在吹嘘那糟糕透顶的鬼果子，还一个劲地称颂上帝。

就这样，在不时发生的有趣的事件中，一个多月过去了，但是他们仍然没有找到金矿。为了找到金子，马克·吐温他们又迁到卡拉维拉斯县的安模镇去。

一月份的天气，阴湿且冷，淘金者只好去酒馆里聊天，讲故事，消愁解闷。在这里，马克·吐温又听到了许多奇妙的故事。

有一次，他听说了一只青蛙的故事。有个叫科尔曼的矿工养了只善跳的青蛙。他自知这是项了不起的本领，就找人赌输赢。这天，镇上来了个陌生人，科尔曼提出同他打赌。

可陌生人没有青蛙，科尔曼就把自己的那只交由他看管，自己去到一个水洼里捉来一只给他。科尔曼离开时，那人喂了青蛙一把铅弹。结果一比赛，那陌生人赢了。该文的妙处，与其说是讲青蛙，还不如说是揭示典型的遥远西部居民形象。

1865 年 4 月，南北战争结束的消息传到西部的深山老林，马克·吐温于是从矿山小屋里走出来，回到旧金山，当起记者来。此时，他已经 30 岁。经过十几年的闯荡，他有了较为明确的人生目标。

纽约一位出版商想出一本阿特穆斯·沃德的短篇特写集，沃德建议马克·吐温也写一篇。于是他就把那篇青蛙的故事写下来寄去了。

但是因为路途遥远，稿子寄到纽约时，那本集子已经编好了，于是它被推荐给《周末》杂志，并于 1865 年 11 月在该刊发表，这就是马克·吐温最有名的故事之一《卡拉维拉斯郡著名的跳蛙》。

在故事里，马克·吐温把科尔曼改名叫吉姆·斯迈利。斯迈利无论碰到什么事情都要与人打赌。"别人乐意怎么赌，他就怎么赌，只要他能和人家打成赌，他就心满意足。"

"要是有人斗狗，他也要赌；有人斗猫，他也要赌；有人斗鸡，他也要赌。哪怕有两只鸟落在篱笆上，他也要和你赌哪一只先飞。"

斯迈利是故事的主人公，在他身上生动可笑地体现了一种西部淘金者的狂热和梦幻精神。故事的讲述者西蒙·惠勒，是位几乎被生活遗忘的老矿工，为人温和、朴实。他对有人来跟他聊天感到非常高兴。他坐在酒吧间火炉边的椅子上，从对方的问话岔开去，用一种西部特有的口吻讲述斯迈利的故事。

西蒙·惠勒是绅士风度与粗俗的西部人的融合，他的冷嘲热讽深刻揭示了故事的内涵。斯迈利是故事的主角，而西蒙·惠勒才是真正使这个故事不朽的人。

《卡拉维拉斯郡著名的跳蛙》的问世，标志着马克·吐温文学事业的开端，是他一生中的又一个转折点。

1865 年，马克·吐温还写了一个短篇，即《一个没受上帝惩罚的坏孩子的故事》。坏孩子吉姆做了许多件坏事，在家偷吃果酱，在外偷摘苹果，在学校里偷他人小刀却嫁祸于人等，但他却从未受到像学校教科书里所说的那种应得的处罚。吉姆长大后爱酗酒，还杀妻灭子，利用欺骗和无赖的手段发了财，当上州议员。

这则故事的玩笑背后，隐含着明显的寓意。在这个虚伪的世界里，宗教教义麻痹了善良的人，飞黄腾达的人则是邪恶之徒。

此时，马克·吐温厌倦了记者乏味的生活，他需要充分地展现自己。于是，他决定进行一次旅行演讲，把自己做记者和旅行中的故事讲给听众，介绍一些能促使他们深思熟虑的事实。

因此，马克·吐温又找到了一个新职业，即讲演人。后来他在讲演中又增加了滑稽成分。马克·吐温在全国各城市演讲时，总是习惯挟着讲稿，但他却从来没在演讲时翻过它，最后稿子散得到处都是，乱蓬蓬地不成样子，使人看了就觉得很好笑。

在纽约时，马克·吐温得知一家公司决定组织一次环球旅行，游客将游览希腊、意大利、法国、巴勒斯坦等地。马克·吐温想办法使自己以通讯记者的身份参加了这次旅行。

1866年3月，马克·吐温接受了《萨克拉门托联合报》的邀请，作为他们的特派记者去夏威夷群岛访问，条件是每月写4篇通讯，以报道在那里的所见所闻，每篇20美元稿酬。

夏威夷当时是一个鲜为人知的神秘之地，它那神秘的土著王国、迷人的草裙舞、四季飘香的花草、奇妙的火山等，令人着实神往。

马克·吐温骑马走遍了瓦胡、夏威夷、毛伊等岛，行程达300多英里。他观赏了世界上最大的活火山，海拔3000多米的莫那洛火山喷发熔岩的奇景。马克·吐温从小就爱探险，他不顾向导的劝阻，竟然跟另一位胆大的游客，在火山底面步行了两英里。

他们到了长长的永不熄灭的熔岩火海附近，不慎中途迷路了。于是他俩索性就在那里欣赏烈焰翻腾的火海奇观，度过了一个兴奋的不眠之夜。

离开莫那洛活火山后，马克·吐温又登上了海拔3000多米的哈莱亚卡拉死火山，这是世界上最大的火山口，周长约50英里。

就在此时，传来了"黄蜂号"客轮在太平洋上起火遇难的消息。于是马克·吐温马不停蹄，乘船在海上度过了40多个日夜，抵达"黄蜂号"船上死里逃生的幸存者们所在地点，对幸存者进行深入的采访。幸存者只有15人，他们带了约10天的口粮，乘一艘小船在海上漂流43个昼夜后，抵达夏威夷。他们一个个看起来瘦骨嶙峋的。

马克·吐温在采访后，通宵达旦地写稿子，以最快的速度做出了极其详尽而生动的报道。他的稿子刚好赶上一条正要动身去旧金山的大帆船。这是发往加利福尼亚的唯一一篇详情报道。消息在报纸登发后，引起全国性的大轰动。报纸老板也深感得意，付给马克·吐温十倍的稿酬。

马克·吐温在夏威夷群岛游览了四个多月，他在当地土著民族人民的身上看到了许多很美好的东西。同时，他也发现美国正在企图吞并和控制整个夏威夷群岛。

几年后，马克·吐温写了一篇政论《为什么我们要吞并夏威夷群岛》，对他当时在夏威夷群岛耳闻目睹的美国的强盗行径予以无情的揭露和辛辣的讽刺。

1866 年 7 月 19 日，马克·吐温回到了旧金山。他发现自己成了万众瞩目的焦点人物。以前马克·吐温不过是遥远地区的幽默小品作家，然而现在全国各地已有数以万计的人读过他的作品，他开始出名了。

一家戏院的主人托马斯·麦奎尔对马克·吐温建议说，如今是他发迹的大好时机，要趁热打铁，冲进演讲的阵地！于是，马克·吐温就这么干了，他宣布要就夏威夷群岛的事做一次报告。

马克·吐温租了一家剧场，张贴出海报，海报的末尾一句是："门票 1 元，7 时半开门，8 点开始势将出现麻烦。"结果是，马克·吐温的预言还挺灵验，麻烦的确在 8 点开始了。因为马克·吐温发现面前只有一个听众，他吓得从头到脚几乎都瘫软了。这样持续了 2 分钟，让人感到非常难受。

但是，马克·吐温的冒险行动成功了。一开始的怯场心理消除后，他自如地在台上讲起来。听众也陆陆续续走进来，以至坐满全场。他天生的气质，以及他从沃德、赖特、詹姆斯等人的表演中学来的技巧派上了用场。他脸上始终保持一种天真无邪，甚至冷漠的表情，用一种慢条斯理的语调讲着一个个俏皮话，全场笑声雷动。

在幽默的领域里，马克·吐温认识到，重复的威力是很大的，几乎任何一个用词确切的习惯用语，只要每隔一段时间郑重其事地重复它五六次，最后总会逗得人家忍不住笑起来。

当马克·吐温在旧金山第二次试图作讲演时，他曾有意识地证实这个道理。第一次讲演，马克·吐温取得了成功，他很满意。然后，他准备作第二次讲演，但是自己又有点儿怕，因为开头 15 分钟并不幽默。

因此，马克·吐温觉得有必要开头就让全场笑一下，如此一来，就能和全场听众感情融洽起来，而不是听任场上逐渐凝聚起一种吹毛求疵的情绪。心里有了这个谱，于是马克·吐温就定下了一个方案，其大胆的程度，令马克·吐温后来回忆起来，还不敢相信自己当初怎么竟有那么大的勇气坚持下来。

在头场演讲成功后，马克·吐温又在加利福尼亚和内华达各大城市作了 3 个月的巡回演讲。他对演讲的信心越来越足，技巧也愈加娴熟，财源也滚滚而来。

马克·吐温到各地演讲旅行时，经常会遇到一些很有意思的伙伴。在组织演讲委员会的人把马克·吐温送到旅馆后，他经常有机会跟他们愉快地聊聊天。

演讲也是需要讲究技巧的。马克·吐温采取了在加利福尼亚时遇到的一种介绍方法。那是在红狗村里，一个懒散的、体格壮实的矿工郑重其事地创造出来的。听众违反了他的意愿，坚持让他上台给马克·吐温作介绍。

这个矿工站在那里，想了片刻之后，说："对这个人我不大了解，不过至少有两件事我倒是知道的，一是他从没有蹲过监狱；二是我不明白这是为什么。"

这么演讲技巧一度效果很好，后来报纸登了出来，就没有味道了。以后，马克·吐温干脆把作自我介绍这一套，统统给取消了。

马克·吐温时常会遇到一些小小的冒险。有一天，他来到一个镇上时迟到了，委员会的人没有等在那里，也没有看到有雪橇。于是，马克·吐温乘着月光逛到一条街上，发现人们都朝着一个方向涌过去。马克·吐温由此判断，那群人应该是去听演讲的，于是他跟随着人群往前走去。果然，那群人正是往演讲大厅去的。马克·吐温庆幸他找对了队伍。到了大厅，马克·吐温想挤进去，可是让收票的人给挡住了。收票人说："请把票拿出来。"

马克·吐温弯下身子，低声地对收票人说："没有什么票，我就是作演讲的人。"

对方郑重其事地眯起一只眼睛，用周围的人都能听到的声音说："不，你不是的。到现在为止，你们已经有3个人进去了。今晚上，下一个演讲者要进去的话就得付门票。"为了不耽误时间，马克·吐温只好支付了门票钱，因为这是免得麻烦的最直接的办法。

还有一次，马克·吐温到一个小城市作演讲。他想找一家旅馆过夜，旅馆服务台上的职员请他将名字写到旅客登记簿上。

马克·吐温先看了一下登记簿，发现很多旅客都是这样登记的，比如：拜特福公爵和他的仆人。

于是，马克·吐温也写道："马克·吐温和他的箱子。"

在演讲之前，他还想先理理发。主意打定后，马克·吐温走进理发店后，他坐下来等待理发。这时，为他服务的理发师问他："你喜欢我们这个城市吗？"

"啊！喜欢，这是一个很好的地方。"马克·吐温说。

"您来得很巧，"理发师继续说，"马克·吐温今天晚上要发表演讲，我想您一定是想去听听喽？"

"是的。"马克·吐温不动声色地说。

"您弄到票了吗？"理发师关心地问道。

"还没有。"

"这可太遗憾了！"理发师耸了耸肩膀，两手一摊，惋惜地说："那您只好从头到尾站着了，因为那里不会有空座位。"

"对！"幽默大师说，"和马克·吐温在一起可真糟糕，他一演讲我就只能永远站着。"

这就是幽默大师的魅力，走到哪里，快乐就带到哪里。在他的语言风格里，总是充满了诙谐和幽默。他还很有自嘲的精神。善于讽刺挖苦一些不友善的朋友，也善于制造一些小小的快乐。即使别人对他充满敌意，他也能巧妙地运用语言功力予以化解。

出版短篇小说集

马克·吐温准备在再次环球旅行前，先回圣路易斯向妈妈告别。1866 年 12 月，马克·吐温乘上"美利坚号"客轮，从旧金山起程，沿海岸南下，经由巴拿马地峡和纽约回密苏里。

在"美利坚号"船上，马克·吐温结识了奈德·魏克曼船长。船长是位饱经沧桑的老水手，待人热情，心地善良。

马克·吐温很喜欢听他讲海上故事。后来，马克·吐温曾以这位船长为原型，塑造了一系列船长型人物，有时叫奈德·奥克利船长，或飓风·琼斯船长，有时则叫斯托姆斐尔德船长。

船到巴拿马地峡时，马克·吐温上岸，乘马车横过地峡，在加勒比海岸边换乘"旧金山号"，继续这一次航行。途中，他继续履约给《阿尔塔·加州日报》写游记。

重新开船后第二天，船上有两名旅客死于霍乱，众人顿时惊慌失色，一片混乱。后来船的引擎又出了故障，耽误了几天。经过 12 天的艰难而危险的航行后，这只有传染病的船终于抵达纽约。

在纽约，"西部粗俗的幽默家"马克·吐温的名气远远不够响亮。在朋友的支持下，他作了几场演讲，把自己对纽约的印象和各种新鲜的见闻写下来，寄给《阿尔塔报》。

此前，马克·吐温匆忙去看望母亲、奥利安和帕梅拉，顺便重游了他度过少年时光的汉尼巴尔、基奥卡克等地。

有一天，马克·吐温在纽约的街道上散步，无意间看到关于组织赴圣地参观旅游团的启事。这是实现周游世界夙愿的最好机会。不过，一张船票就高达 1000 多美元。突然，马克·吐温想出了一个好主意：请《阿尔塔报》聘任他为随船特约记者，这样就可以由报馆为他支付旅费了。

当加利福尼亚州的《阿尔塔报》的董事会收到马克·吐温的这一书面建议时，他们为这笔昂贵的旅费感到有些犹豫。但是，他们也十分清楚马克·吐温旅游夏威夷群岛期间的采访工作干得十分出色，在报业界留下了非常好的印象。

于是，《阿尔塔报》最终同意了马克·吐温的请求。1866年5月，马克·吐温回到纽约，作些随船游览访问的准备。观光船"贵格诚号"是6月初载着一群乘客从纽约起航的。旅途中充满了欢快和乐趣。

在这次旅行中，马克·吐温发出了50篇通讯，其中6篇没有收到，于是他又补写了6篇，以履行合同。然后，马克·吐温编了一个有关此行的演讲稿，在旧金山作了演讲，赚了一大笔钱。

后来，马克·吐温又深入到乡村去做演讲，结果是，他被人家忘得一干二净，听众很少。马克·吐温随即对这种奇怪的情况作了一番了解，这才发现《阿尔塔报》的老板已经把那20元一篇的通讯全部注册为版权所有，并且威胁说，任何一家报刊如果转载其中的一段，就要对其提出起诉！

此时，马克·吐温的处境就不妙了。因为他与哈特福德的美国出版公司订过合同，要为该出版公司就这次旅行写一本书。本来，马克·吐温打算把所有这些信都收进去。

后来，《阿尔塔报》的老板麦克提出了一个折中方案，由他出版这本书，马克·吐温抽10%的版税。但是，马克·吐温对这个折中办法不满意。因为书的销售仅限于旧金山，版税还不够马克·吐温三个月的伙食钱。

而东部的合同如果能够实现的话，对他更为有利，因为他在大西洋沿岸有一些声誉，那是在纽约《论坛报》登了6篇旅行通讯，在

《先驱报》登了一两篇以后取得的成果。

结果，麦克同意停止发行他的书，条件是：在序言中，马克·吐温必须感谢《阿尔塔报》放弃了它的"权利"，赐给他特许。但是，马克·吐温极力反对这个感谢之说，最终对方只能作罢。

1867年1月，马克·吐温从旧金山来到纽约。在这里，他邂逅了老朋友《纽约时报》记者查尔斯·韦布。韦布建议他成书出版，并帮助他找到出版商。

但是，马克·吐温不愿意自己把小品文收集起来，于是韦布承担了整理小品文的任务。他完成了之后，交给了马克·吐温。随后，马克·吐温把书稿拿到了查尔顿的公司。

马克·吐温找到了一个办事员，只见他俯身在柜台上，热心地问马克·吐温要什么。但是，当他发现马克·吐温是来卖书的，而不是来买书的，他的热度就明显下降了。

马克·吐温恭恭敬敬地跟这个办事员说，要求跟查尔顿先生说句话。他冷冷地说，他在自己的私人办公室里。随后，阻挠事随之而来，但是隔了一阵，马克·吐温勉强通过了界线，进入了查尔顿的办公室。如果不是韦布为马克·吐温给查尔顿约定见一面，他是越不过那个界线的。

马克·吐温一进门，查尔顿就站了起来，很冲地问道："啊，有什么需要效劳的么？"

马克·吐温提醒他说，他是依照约定，送这本书来供出版用的。于是，查尔顿就开始自吹自擂。接着，他那个万顷波涛之水往下直冲，前后达两三分钟，尽是一些空话。

最后，他气派地把右手一挥，指着整个房间说："书嘛！看看这些书架！每个架子上都堆满了等待出版的书。我还要书么？请原谅，我不需要了，再见。"

韦布得知这一情况后，对马克·吐温说，全世界所有的查尔顿们也阻挠不了这本书的出版，他要亲自出版这本书，版税30%。随后，韦布就这么办了，他把书印成蓝底金字的封面，看起来很好看。

马克·吐温为该书取的书名为《卡拉维拉斯郡著名的跳蛙和其它》。是在一家承印零星印件印刷厂装订，并通过美国新闻公司发行。

在这部书中，马克·吐温继承了美国南北战争期间废奴派文学作品幽默、诙谐的传统，显示出了作者的幽默天才。

事隔21年后，卢塞恩·查尔顿怀着深深的内疚，拜访驰名美国的马克·吐温。当时，马克·吐温与家人在瑞士卢塞恩的施魏策尔霍夫。一见面，二人友好地握握手，没有什么客套，查尔顿就说开了："我是个微不足道的小人物。但是，我有这几个重大荣誉足以使我扬名后世了。由于给你的一本书吃了闭门羹，我便成了19世纪无可争议的头号大傻瓜。"

马克·吐温说："你的道歉听起来十分悦耳、中意。这21年里，我每年都要在幻想中杀死你好几次，而且是采用新式的和越来越惨无人道的手段。但是现在我应该把你看成我个人珍贵的朋友，以后再也不杀你了。"

以机智解脱困境

当马克·吐温没有钱时，他便到华盛顿去，看看能不能在那里找到工作挣些钱。

在华盛顿，马克·吐温碰到了威廉·斯温登，他是一位历史学家的兄弟。他们想出了一个相互支持，以维持生活的计划。在他们名单上有 12 家报刊，都是周报，全是无名的，又分散在老远落后的地区。这些小报能有个驻华盛顿的通讯员，那是一件十分值得骄傲的事。

这 12 家周报，每家周报每天从马克·吐温那里收到两篇通讯，每篇一块钱。马克·吐温与威廉每人每周写一篇，复写 6 次，给这些周报寄去。这样就是每周 24 块钱，用来维持生活，也就够了。

马克·吐温和威廉一起生活得很幸福，马克·吐温认为，无论从天性上还是从教养上，威廉都是一个高尚的人。威廉是个绅士，他非常有教养。他是苏格兰人，是长老会的教友。威廉一点恶习也没有，就是喜欢苏格兰威士忌。

但是这样一来，在经济上就不划算了。如果 24 块钱一周，那真算是阔气了。但是为了喝酒，他们总是感到手头紧张。只要收入中有一笔到迟了，就会引起一些麻烦来。

有一次，他们需要用 3 块钱，而且天黑以前就得有这 3 块钱。威廉要马克·吐温出去搞到钱，他说他自己也要出去，看看有什么办法。他丝毫不怀疑他们会搞到钱的。

马克·吐温很清楚，这是威廉的宗教信仰在发生作用。但是马克·吐温可没有信心。威廉劝慰马克·吐温不用焦急，他用简单、坚定的口气说："上帝会给的。"在他们出门时，也几乎深信上帝确实会给的。

马克·吐温在街上逛了一个小时，边走边想着如何设法搞到这笔钱，可是，想破了脑袋，也没想出一个办法来。后来，马克·吐温走进了一家新旅馆埃比特大厦的大厅里，在那里坐了下来。

一会儿，一只小狗慢吞吞地闯了进来。它停下来，东张西望了一下，最后朝马克·吐温张望了一下，那眼神仿佛在说："你友好么？"

马克·吐温用眼睛回答它说："我是友好的。"

只见这只小狗摇摇尾巴，走过来，把下巴靠在马克·吐温的膝盖上，抬起棕色的眼睛，望着他的脸。它真是一只可爱的小狗，马克·吐温禁不住敲敲它光滑的棕褐色的脑袋，摸摸它往下垂的耳朵，感到很快乐。

不一会儿，迈尔斯准将逛了进来。他一身蓝制服，金肩章，显得神气十足。人人都以敬佩的眼光注视着他。迈尔斯看到了马克·吐温身边的这只狗，便停住了脚步。从他的眼神中，马克·吐温看出他对这样的动物打心底里喜欢。

然后，迈尔斯走上前来，拍拍狗，对马克·吐温说："它真好……很希罕，你肯卖吗？"

此时，马克·吐温大为激动，因为这正中他的下怀。于是，他回答说："可以。"

将军问："你要多少？"

"3块钱。"马克·吐温说。

将军感到很吃惊，他说："3块钱？只要3块？这只狗非同一般，至少得值 50 块钱。要是我的话，100 块钱也不肯卖呢！我怕你不了解这狗的好处，你愿意的话，价钱可以重新考虑一下，我不愿意做对不起你的事。"

但是，马克·吐温仍十分平静地说："不，3 块钱，这是它的价钱。"

"好吧，既然你坚持，那就这么办吧。"将军一边说，一边给了马克·吐温 3 块钱，把狗牵走了，上了楼。

大概 10 分钟左右，一个文雅的中年绅士走了过来，四下张望着，还在桌子下边和角落里寻找着。这时，马克·吐温对他说："你是找狗呢吧？"

一听这话，这位绅士烦恼的脸色马上高兴起来，他回答说："是啊！你看见了？"

"是的，"马克·吐温说道："一分钟以前还在这里，我见它跟了一位绅士走开了。我想，你要我找的话，我能替你找到他。"

绅士说他希望马克·吐温能帮忙找一找，说的时候，他的言语间充满了感激之情。

马克·吐温说，他很乐意帮忙，不过既然要花一点儿时间，就需要他付点儿钱，希望他不要见怪。绅士说他非常乐意，并一再强调"非常乐意"这句话，还问他要多少钱。

马克·吐温说："3 块钱。"

绅士一听，大为诧异，他说："天啊，这简直算不得什么！我给你 10 块，我非常愿意。"

但是，马克·吐温说："不，价钱是 3 块。"说完，他便往楼上走去。因为，马克·吐温认为，斯温登说过这个数目上帝会给的。在马克·吐温看来，如果比上帝允许的多拿一分钱，那就是亵渎神明。

马克·吐温走过旅馆办事员的窗口，打听到将军的房间号码，他便走到将军的房间。看到将军正在抚弄这只可爱的小狗，显得很高兴的样子。马克·吐温对将军说："非常抱歉，我得把狗要回来。"

将军感到很奇怪，便说："要回？可是这是我的狗啊，是你卖给我的，还是你定的价啊！"

马克·吐温说："是的，不错……不过我得要回，因为那个人又想要它了。"

"谁?"将军问。

"狗的主人，这狗不是我的。"马克·吐温坦率地对将军说。

将军比刚才更加感到诧异了，他一时间说不出话来。然后将军说："你的意思是说，你把人家的狗出卖而且是明知的?"

"是的，我知道这不是我的狗。"马克·吐温说。

"那么你为什么卖呢?"将军疑惑地问。

马克·吐温说："是啊，你问的是个怪问题。我卖它，是因为你要买这只狗，这你不能否认。我并不急于卖，我甚至连想也没有想到要卖，不过在我看来，如果这对你方便的话。"

最终，将军也被马克·吐温给说糊涂了，于是他说："别用那套白痴般的理论把我的脑袋搞得稀里糊涂啦！拿去，让我清闲一会儿。"这样，马克·吐温还给将军3块钱，把狗牵下了楼，交给了他的主人。为了这个麻烦，马克·吐温收下了绅士3块钱。

随后，马克·吐温心安理得地走开了。马克·吐温认为，他卖出去的3块钱，他是决不肯花的，因为那不是真正属于他所有的。但是，把这条狗交还给原来的主人所得的那3块钱，理当归他所有，因为那是他挣来的。

因为，要不是马克·吐温看到小狗的话，那个人很可能根本要不回这只狗。马克·吐温坚守着永远不使用以可疑的方式得来的钱，这是他做人的原则。

幸福美满的婚姻

1867 年 6 月，马克·吐温搭乘"贵格号"游览船驶向地中海。他打算做一次远航，可是由于旅途生活的乏味，他于 11 月就回到了纽约。不过，这次航行使马克·吐温有了一个意外的收获。在游览船上，他通过照片，第一次见到了后来陪伴他 30 多年的忠实伴侣奥莉维亚·兰登。

那是在 1867 年 9 月的一天，"贵格诚号"正通过土麦拿海湾，驶向土耳其的伊兹密尔城，马克·吐温信步来到旅途中新结识的朋友查理·兰登的房间。查理是纽约州埃尔迈拉大富豪杰维斯·兰登的儿子。杰维斯·兰登想叫他 18 岁的儿子出来见见世面，便让他参加了观光团。

在船上，马克·吐温那饱经风霜的外表、幽默家的谈吐气质，以及他说的那些故事，都对查理产生了很大的吸引力，令他十分钦佩，很快他们就成了好朋友。

那天下午，当马克·吐温走进查理的房间时，查理热切地把他让进去。在闲聊中，查理给马克·吐温看了一张他姐姐奥莉维亚的相片。瞬间，马克·吐温就被奥莉维亚那秀美的面庞俘获了心，一时间无法忘怀。

返航后，马克·吐温接受一位在内华达时认识的朋友——议员斯图亚特的邀请，到华盛顿给他做秘书。在干过一段时间后，他找个借口辞职去做记者，在华盛顿给一些报纸写稿。

1867 年 12 月 27 日，马克·吐温去纽约参加一位朋友举办的酒会，恰巧查理和他的父亲、姐姐也来参加了。查理决定让马克·吐温结识一下自己的父亲和姐姐。马克·吐温真是兴奋之极。

奥莉维亚和马克·吐温想象的几乎一样：一个 22 岁的娇小文弱的姑娘，浮雕似的面庞上嵌着一双晶亮的眼睛，举止端庄。她是家中的宝贝，因为在兰登家人看来，她是一个苦命的人。6 年前，她在冰上摔了一跤，伤得很重，引起了局部瘫痪，成了一个病人。从此，奥莉维亚一辈子就再也没有强壮起来。

在摔了这一跤之后，奥莉维亚有两年的时间不能下床，除了脸朝上躺着以外，也不能以别的姿势睡觉。在那段时间里，请遍了名医到埃尔迈拉来给她治疗，都没有什么效果。

有一天，兰登家的一位亲戚安德鲁·兰登来到家里，对兰登先生和夫人说："你们现在可以试一试牛顿医生那个吹牛大王。他来了，住在拉思本大厦。给有钱人看病要大价钱，给穷人看病不要钱。我亲自看见他在杰克·布朗的脑袋上挥挥手，然后拿走了他的拐杖，让他干他的事去，就像什么病也没有一样。把牛顿请来吧！"

随后，牛顿被请到了兰登的家。他看到年轻的奥莉维亚躺在床上，在她躺着的上边的天花板上，挂下了一具辘轳。目的是希望靠这个设备，可以让她隔一阵坐一会儿。每次想叫她坐起来，但结果总是引起她作呕，搞得筋疲力尽的，因此不得不作罢。

牛顿把关了好久的窗户打开，做了一番短短的祷告后，然后把一只胳膊放在奥莉维亚的肩上，说道："我的孩子，现在我们要坐起来了。"

全家人真是吓坏了，想要阻止他。可是牛顿还是把奥莉维亚扶了起来，她坐了几分钟，既不作呕，也没有感到不舒服。然后，牛顿说："现在我们要走几步，我的孩子。"

牛顿扶着奥莉维亚下了床，然后扶着她走了几步。这时，牛顿说："我的本领只能做到这种地步了，她还没有治好，她不像能治好的样子，她永远也走不多远。不过，如果每天练一练，她能走一两百米，她终生都能这样。"

牛顿医生要 1500 块钱，但实际上值 10 万块钱。因为，奥莉维亚从 18 岁那天起，直到 56 岁，她总能走几百米，不需要停下来休息。马克·吐温曾不止一次地看见自己的爱妻奥莉维亚能走 400 米的路，但她却并不感到疲劳。

奥莉维亚虽然能够重新站起来走动了，但她仍不是很健壮，家人都把她当做病人看待。

在见到奥莉维亚后，马克·吐温一下子被她深深地迷住了，他不由自主地坠入了爱河。

没等马克·吐温登门拜访，他便再次见到奥莉维亚了。那是在初次见面后的一个星期左右，马克·吐温在元旦期间去一位朋友处做客，正巧奥莉维亚也在。他便不顾礼节地在那里一直待到午夜才离开。

不久，马克·吐温满怀信心地向奥莉维亚求婚，结果被泼了一头冷水。奥莉维亚是一个矜持、谨慎的姑娘，她生长的家庭环境和她自大病以来所受到的特殊保护，使她无法答应他。

奥莉维亚的父亲杰维斯白手起家，他是从乡村店员开始奋斗，一步步取得现在的地位，成为布法罗一座煤矿的主人。他一贯待人诚恳，且性格直率、意志坚定，既慈祥温和，又令人生畏。

奥莉维亚的母亲奥莉亚·刘易斯·兰登，是一个刚直而又有点阴郁的人。他们对子女管教很严。一家人都笃信宗教，厌恶人讲粗话，特别反对抽烟和酗酒。这样一来，马克·吐温的言行举止，以及对宗教的蔑视等，都不符合他们的要求。

但是，马克·吐温是认真的。他设法与奥莉维亚保持联系，两人经常互相通信。这时，马克·吐温在一个专门承办演讲会机构的安排下，与一群当时非常有名的演讲家一起，在中西部演讲。但无论在哪里，他都不忘给奥莉维亚写信，向她倾吐自己的爱恋之情。每隔一段时间，马克·吐温就去埃尔迈拉一次，向奥莉维亚和她的家人展示自己的真诚。

随着演讲的继续，马克·吐温的名声也越来越响，他在埃尔迈拉的运气也越来越好。有一回，他从查理那里搞到一份邀请书，在艾尔迈拉逗留了一个礼拜。

在实在找不到办法延长逗留时间时，马克·吐温只好准备离开埃尔迈拉，前往纽约。在兰登家的大门外停了一辆双马敞篷马车。此时，马克·吐温的箱子已经放在马车上了，车夫巴尼手握马鞭子坐在前座。

此时已是晚上八九点钟了，天已经黑了。马克·吐温在门廊上跟兰登一家人告别，查理和他走了出来，上了马车。他们两个人坐在马车夫后边的座位上，这是临时给他们安排的马车，并没有扣结实。但是马克·吐温和查理不知道，查理正抽烟，巴尼把马鞭子轻轻碰了碰马，谁知马突然往前一跳，查理和马克·吐温从车子后边被甩了出去。

在一片黑暗中，查理雪茄烟头上的一点红光在空中划了条曲线，马克·吐温看得很清楚。马克·吐温被甩出去之后，先是直挺挺地站了一会儿，然后倒在了地上，"昏迷"了过去。

马克·吐温假装昏迷真是太像了，那是圆石砌的小沟，正在修理之中。而他的头部碰到 4 块圆石连结成的凹进去的地方，凹下去的地方填满了新的沙子，恰好成了一个垫子。马克·吐温的头部并没有碰到任何一块圆石，他没有跌伤。

　　但是查理可跌得不轻，可是他只关心马克·吐温。兰登先生一家人惊恐万状地围拢上来。

　　马克·吐温很害怕他的假装昏迷被发现，从而缩短他做客的时间。由于他身体很重，因而需要兰登先生、西奥多和查理一起用力，才把他拖进了屋里。

　　马克·吐温知道，这就是很大的胜利，他在屋里了，就可以稳稳地在一个不定期的时间里，成为奥莉维亚家的累赘。

　　因为这一意外事故，马克·吐温在兰登家多住了 3 天，受到奥莉维亚精心的护理。在此期间，奥莉维亚渐渐喜欢上了这个乐观、幽默的青年。他终于获取了奥莉维亚那犹犹豫豫的爱情，将求爱计划向前推进了一步。但因为她父母仍未表态，所以还需要努力。

　　马克·吐温虽然一再在信中向奥莉维亚保证要改掉恶习，而且确实改掉了许多，但是杰维斯不会轻易将心爱的女儿嫁给一个身贱位卑的，品行、前途都不甚明了的人。

　　紧张的演讲活动仍在继续着。有一回在东部，马克·吐温下榻的地方离埃尔迈拉不远，他就不停地登门造访兰登先生。兰登宣布暂时休战，并表示他们必须在取得值得信赖的人对他的品行作出评价后才能定夺。

　　于是，马克·吐温提供了一份 6 个人的名单，他们全部是旧金山的显要人物，包括两名传教士。兰登告诉马克·吐温，在未收到那些人的回信前，请他不要再上门求婚。

　　在 1869 年初，回复陆续来了。杰维斯派人找到马克·吐温，与他进行一次单独的交谈。马克·吐温看完信后，心一下子就全凉了。他万万没有料到，几位朋友在信中有的说他嗜酒成性，必将烂醉而死。有的为了显示与他的关系密切，竟把他小时候的恶作剧也写出来了。

　　证明人不仅不赞成，而且提起了马克·吐温的各种"罪过"。其中一位教士说马克·吐温将来会"填补醉鬼的坟墓"。这时，马克·吐温才发现，没有一个给自己说好话的朋友。

谈话因此停下来了，房间里笼罩着悲凉、肃穆的气氛。好一阵子，两个人都没有说话。后来，兰登先生抬起头来，用明亮坦率的眼睛盯着他，说："这是些什么人呢？你难道连一个朋友也没有吗？"

"显然是没有。"马克·吐温说。

兰登一面推开面前的那些信件，一面说："我决定，我做你的朋友。你把姑娘娶去吧。我比他们更了解你。"

马克·吐温的命运就这样戏剧性地决定了。于是，他放开胆子说话了。他谈起了自己在西部的生活情况，亲切、热烈地提到《弗吉尼亚城企业报》的主人乔·古德曼。

兰登问："啊！他仿佛是你的朋友啊！是吗？"

"是的，我最好的朋友。"马克·吐温说。

"那么你当时究竟是怎么想的？为什么没有对我提起他呢？"兰登问。

"因为他准会同别人一样彻底地撒谎。人家光讲我邪恶，古德曼会光讲我的美德。你要的当然是没有偏见的证明。我知道，这你从古德曼那里是搞不到的。我确实相信，你从别处可能搞得到，可能你也已经搞到了。不过，当然不像我所希望的那样夸奖一番。"

经过一番周折之后，1869 年 2 月 4 日，马克·吐温终于和心爱的姑娘奥莉维亚订婚了。订婚戒指很普通，但金子的分量很重，里边刻着订婚的日期。一年以后，马克·吐温从她手上拿下来，准备改为结婚戒指，把结婚日期刻在里边，即"1870.2.2"。从此以后，这只戒指一刻儿也没有离开过奥莉维亚的手指。

在订婚后的第二天，马克·吐温向家人报喜，在信中，他说："我写这封信是要告诉你们，昨天，2 月 4 日，我已正式地、庄重地、不可改变地和纽约埃尔迈拉奥莉维亚小姐订婚，她是杰维斯和奥莉亚夫妇的唯一的女儿，现年23岁半。她是全世界最好的姑娘，是最有头脑的。我为她感到无比的自豪。"

与奥莉维亚订婚后不久，马克·吐温被聘为加利福尼亚《圣坛报》记者，对欧洲进行了长达5个月的采访。此间，他写了大量旅途通讯寄回国内，发表在《圣坛报》上，轰动一时。

回国后，美国哈特·福德的出版公司同马克·吐温商量，要把他在国外写的通讯汇集出版。他欣然同意，并着手准备。不料，《圣坛报》根本没有征求他的意见，抢先把已发表在该报上的50多篇通讯汇集起来，以《傻子国外旅行记》为题，出版发行了。

马克·吐温非常生气，他痛斥《圣坛报》老板为"偷儿"。同时诉诸法律，但毫无结果。马克·吐温最终只好承认了该书的出版。

在这本散文集里，马克·吐温以幽默的笔调，嘲笑了北方资产阶级富有者的蠢笨。这些阔佬是一帮呆头呆脑的角色。他们知识贫乏，对欧洲古老文化一窍不通，但却装作博学的样子，信口开河地大发议论，出尽了洋相，闹出了不少笑话。

《傻子国外旅行记》出版后，旋即畅销全国。马克·吐温在美国文坛崭露头角，被誉为"第一流的美国作家"、"我们文学上的林肯"。

马克·吐温和奥莉维亚虽然订婚了，但是在1870年2月2日正式结婚前，马克·吐温还经受了多重的严峻考验。

马克·吐温是一个酷爱自由的人，但迫于兰登夫妇和奥莉维亚的压力，只得按照他们的要求办，尽量改掉说粗话、喝烈酒、不进教堂的毛病。

可是，他还有吸烟的嗜好。可是吸烟是他怎么也不愿放弃的。于是，他听到不少关于吸烟这个问题的坏话，他忍受不了，于是就对奥莉维亚抱怨，想获取她的谅解。但是奥莉维亚的让步同样是有限的，于是马克·吐温试图作些改变，减少吸烟的支数。

刚开始时，效果还不错，但是一星期后他就坚持不住了。他想了一个主意，在每天吸烟支数不增加的情况下，用自己定做的特大号烟代替了一般的烟。这样一来，他又毁了誓言，成为了一个自由人。

订婚后，马克·吐温仍在全国各地往返穿梭地进行演讲，给众人讲故事，但他从不忘记给自己的心上人随时寄去思恋之情。

在相识到结婚的一年多的时间里，马克·吐温共给奥莉维亚写了184封情书。在最后一封里，马克·吐温说，奥莉维亚的回信像是阳光，能带来心醉神迷的感觉，能消除他生活中其他事件带来的不愉快。他还深情地向将留下一段甜蜜回忆的情书道别。

马克·吐温一举成名后，出版商纷沓而至。他的经济状况开始好转。在征得兰登先生同意后，1870年2月2日，马克·吐温与奥莉维亚结婚了。婚礼是在兰登的宅邸举行的。

此时，马克·吐温刚刚被聘为《布法罗快报》的编辑。因此，举行完婚礼的第二天，他们就乘专车去了布法罗。同行到布法罗的有兰登全家，还有比彻家和特威切尔家的人，他们参加了婚礼。

马克·吐温对布法罗一无所知，因此，他通过给一个朋友去信，请他给安排了一个家。马克·吐温要求这个朋友给他们找一个公寓，要他的编辑低薪能负担得起，又像个样子的公寓。

晚上21时，朋友在布法罗的车站上接他们。同行的人分坐几辆雪车，然后，他们简直走遍了所有的大街小巷。因此，马克·吐温毫不客气地责怪了这位朋友，责怪他怎么找了一个没有确切地址的公寓。

当然，这其中有个计谋，新娘奥莉维亚是知情的，而马克·吐温却被蒙在了鼓里。

奥莉维亚的父亲兰登先生，在特拉华大街上给他们买下了一座新房子，并且把家里都布置好了，还安排好了一位厨师，几个女仆，一个挺精神的年轻车夫，他是个爱尔兰人，叫帕特里克·麦卡勒。而他们在全市到处转悠，就是为了让一辆雪车的人能有时间先赶到新房去，把煤气灶点起来，把大家的晚饭准备好。

后来，马克·吐温他们终于到家了。一进门，马克·吐温感觉像是走进了一个仙境，但是，此时还不知道内情的马克·吐温没有感到丝毫的高兴，而是愤怒到了极点。他不留情面地责怪朋友干得这么蠢，把他们安顿在这样一个他根本无力负担的公寓里。

这时候，兰登先生拿出了一只精致的盒子，打开盒子，兰登先生从里面拿出这座房子的出让契约。一场喜剧就这样高高兴兴地收场了。

奥莉维亚虽然体弱多病，但是她对丈夫的体贴却细致入微，她不辞劳苦地料理家务，还帮助丈夫整理文稿，接见来访的客人。

在马克·吐温的心目中，奥莉维亚一直是他最理想的伴侣。在妻子的体贴、帮助下，马克·吐温一面从事新闻活动，一面勤奋地写作。

创作思想走向成熟

马克·吐温和妻子一起，生活得很幸福。一次，马克·吐温对朋友开玩笑说："如果娶了亲的人都像我这些日子这样幸福，那我就要为我白活了 30 年而惋惜。要是我能从头活起，那我一定就在婴儿时期结婚，免得白花时间去长牙，打碎杯碟。"

面对全新的生活，马克·吐温显得信心十足。他全身心地投入到《布法罗快报》的编辑工作中去，同时创作一些短篇小说，给纽约的杂志投稿。

在这段时间里，马克·吐温写了《田纳西的新闻界》、《竞选州长》、《神秘的访问》、《高尔密斯的朋友再度出洋》等著名的短篇小说。

这些作品是马克·吐温在一种所谓"普遍和平"与"乐观主义"气氛中创作出来的。它们虽然对美国社会现实进行了冷嘲热讽，但是又对资本主义制度抱有幻想。作品充满轻松而柔和的调子。

《竞选州长》是马克·吐温早期短篇小说的代表作，是揭露美国"民主选举"制度的著名短篇。

主人公以独立党代表资格参加了纽约州州长的竞选。可是，出他所料，参加竞选的共和党和民主党控制了舆论。他被扣上"伪证犯"、"盗尸犯"、"舞弊分子"等罪名，并在公众面前受到人身攻击，使他狼狈不堪，不得不声明退出竞选。

马克·吐温抓住竞选活动的一个侧面，对美国"民主选举"的虚伪进行了深刻揭露。小说言简意赅、泼辣有力、富有戏剧性。他用夸张、讽刺的艺术手法，对资产阶级竞选中的舞弊行为和虚伪民主进行了辛辣的嘲讽，成为美国政治生活中一幅绝妙的讽刺画。

作品中的那个民主党候选人霍夫曼是现实生活中的纽约州州长霍夫曼的艺术再现。这个在现实生活中拥有万贯家私的铁路大王操纵着纽约乃至美国的政治命运。马克·吐温敢于向这个大人物挑战，表现出了他的非凡胆识。

在《高尔密斯的朋友再度出洋》中，马克·吐温描写了一个旅美华工在美国的悲惨生活。艾颂喜，一个中国穷老百姓，听说美国"人人平等"，于是一路上受尽折磨，最后总算登上美国"自由"大陆。

然而，在经过海关时，海关检查并没收了艾颂喜的全部行李和仅有的十块钱，为的是给已经是麻子的艾颂喜种牛痘。在他等待分派工作的时候，美国巡捕以"破坏公共秩序"的罪名，一脚将他踢进了牢房，并恶狠狠地说："就让你在这儿倒霉吧，你这外国丑八怪！你迟早会明白美国是没有容纳你和你们那种民族的余地的。"

至此，艾颂喜的天真幻想在现实面前彻底破灭了，所谓"自由之邦"不过如此。

《竞选州长》、《高尔密斯的朋友再度出洋》，以及此后的《镀金时代》都是成功之作，它们标志着马克·吐温的创作进入了一个新的阶段。

1870 年 8 月，杰维斯·兰登因患胃癌去世了。丧父之痛给奥莉维亚相当沉重的打击。她原本虚弱的身体变得更加憔悴。这一年的 11 月 7 日，她生下一个早产儿，取名兰登。兰登是他们的第一个孩子，也是他们唯一的儿子。孩子生下来时很瘦弱，让人担心。

经过一段时间，马克·吐温渐渐对编辑报纸感到厌倦。于是夫妇俩卖掉房子，撤出报纸的股份，于 1871 年 10 月搬到哈特福德。哈特福德是康涅狄格州的一个小城市，位于美国当时最大的工业和贸易中心纽约与波士顿之间。这个小城市被誉为富人之城，美国最富有的企业中，有半数都是用哈特福德的资金开办的。

马克·吐温一家迁来此地后，暂时住在租来的房子里。为了还清办《布法罗快报》欠下的债务，马克·吐温于年底开始进行又一轮的巡回演讲。

对于马克·吐温作巡回演讲，奥莉维亚感觉很伤心，但又很无奈。她一个人拖着病弱的身体，喂养一个体弱的孩子，何况这时她又怀了孕。她多么希望丈夫能留在身边啊！

对妻子在信中的一再抱怨，马克·吐温回信说："我实在很不喜欢讲演，今后我一定尽量少干这个行当。讲演是讨厌的事，可是终究会结束的，然后我就要和亲爱的相见了。我多么爱你，爱你，爱你啊！"

马克·吐温在信中还不时地称讲演是"讲道"。马克·吐温是个要强的人，他要成为名人，要过上优越的生活，他坚信自己能做得到。

1872 年 2 月，演讲结束后，马克·吐温回到家中，准备出版他的第二本书《艰苦生涯》。这本书是马克·吐温在前一年的夏天，在埃尔迈拉的夸里农庄完成的。

《艰苦生涯》记述的基本上是马克·吐温在 1861 年至 1866 年间远走西部的真实经历，从他和奥利安登上马车横穿大陆到内华达写起，直至他从夏威夷采访回到旧金山发表前几次演讲为止。书中穿插了许多在矿工中间传讲的幽默故事，也写了那些淘金者，包括他自己的狂热心理和艰苦的生活。

该书面世后大受欢迎，但马克·吐温不再感到扬扬得意了，因为他的目标不是做一个只会引起众人几声笑声的幽默作家。

关于"幽默作家"这个称谓，马克·吐温有自己的见解，他认为"纯"幽默作家是不可能长久存在的。幽默只是一种香味，一种装饰。

有人说，一本小说纯粹只是一种艺术品，仅此而已。马克·吐温说，在小说里，你决不要布道，决不要说教。而幽默并非如此，幽默绝不可以以教训人者自居，以布道者自居，可是如果它要流传下去，必须两者兼而有之。

在出版《艰苦生涯》之前，马克·吐温写信请布利斯来商量。布利斯随即来到埃尔迈拉。马克·吐温跟布利斯说，他不想离开他这个公司，也不想提出过高的条件。马克·吐温说，除成本外，自己应得到利润的一半。一听这话，布利斯便兴奋地说应该如此。

布利斯回到旅馆，把合同拟好后，在当天下午就带着合同来到马克·吐温的家。马克·吐温发现，合同上并没有写上"利润的一半"，而是写的 7.5% 的版税。

对此，布利斯解释说，这版税 7.5% 恰恰代表了利润的一半，还略多一些。这是以卖掉 10 万册计算的。要是在 10 万册以上，出版公司的那一半才会比他所得的略多一点儿。

马克·吐温对他这样的解释有点儿怀疑，于是便问布利斯能否发誓。布利斯马上伸出手来发誓，把他刚才说的话一字不差地重复一遍。

随后，马克·吐温用了 10 来年的时间才知道，布利斯的发誓是假的，7.5% 还抵不上利润的 1/4。可是，在这段时间里，马克·吐温有几本书都是交给布利斯出版的，抽版税 7.5%，大部分利润都被布利斯骗去了。

1872 年，《轻装旅行》出版。马克·吐温在这部作品中，描写了在西部旅行的情况和在那里当矿工的经历。书中充满了边疆开拓精神与粗犷的幽默。这里，我们可以看到当时流行的夸张性故事、冒险经历与生动的人物素描。这一切都为今后盛行不衰的西部小说和电影提供了典型。

1872 年 3 月 19 日，马克·吐温的第二个孩子奥莉维亚·苏西·克莱门斯降生了。她是马克·吐温最喜欢的孩子。但此后不久，儿子兰登却因病夭折了。

马克·吐温夫妇在哈特福德生活的开支很大。本来马克·吐温打算婚后物质生活有了保证，他就不必再为钱而写作了，只写一些他喜欢写的东西就可以了。可是此时看来，他却不能不为巨额的家庭开支想办法了。

1872年8月，马克·吐温一家去了英国，马克·吐温一边四处游览，一边发表演讲。回国后，马克·吐温即开始着手写部长篇小说。当时和马克·吐温毗邻而住的是查尔斯·达德理·华纳，他曾写过几本小说和游记。

一天晚上，他们在一起吃饭，席间聊起当时流行的小说，两人大发牢骚。两位夫人，即奥莉维亚和苏珊·华纳就鼓动他们说，与其品头评足空发议论，不如动手创作。于是，两位丈夫接受了挑战，决定合作写部时事小说。

议定好情节发展框架后，马克·吐温和华纳便分头写作。1873年初的那几个月，他俩几乎每晚都要碰头商量，向两位女士朗读各自所写的章节，听取意见。经过约四个月的艰苦创作后，书稿完成了。

小说围绕内战前的边疆生活，战后的议会活动、法庭审判和建设城市、修筑铁路、开采煤矿、创办大学等事件展开情节，翔实地描写了19世纪70年代初美国的现实生活，揭露了美国社会中的政界、商界、法律界、新闻界的种种劣迹和营私舞弊的黑幕。书中还成功地塑造了两位鲜明的人物形象：塞勒斯上校和狄尔沃绥参议员。

这部小说在结构安排与文体风格上有不足之处，但主题是统一的，借对当时社会上种种黑暗腐朽风气的描写，抨击所谓的"黄金时代"。它让人们看出，在一片繁荣景象掩盖下的丑行劣迹和金光闪闪的外壳下的污泥浊水。

马克·吐温和华纳给这个时代取了个恰当的名字，即"镀金时代"。这一句同后来一直被历史学家们用来专指美国19世纪七八十年代的特定历史时期，其真实性、准确性可见一斑。

关于人物的名字，还有个小插曲。马克·吐温和华纳当初给塞勒斯取名艾旭尔·塞勒斯，谁知出书广告登出后，真有一位同名者找上门来，这位拒绝受伤害的绅士命令他们立刻把名字改掉。他们只好从命，改成了伯瑞亚·塞勒斯。

这是马克·吐温的第一部长篇小说，涉及的生活面非常广阔，对现实的透视和挖掘较之以前写作的短篇小说更加深入，对政治投机和商业投机的讽刺打击更加尖锐准确，是一部针砭时弊的佳作，标志着马克·吐温的创作思想正走向成熟。

《镀金时代》在 1873 年出版时，正值美国国内发生经济危机，书中所写的一切都清楚地暴露在人们面前，在全国引起了很大的震动。书的头版很快销售一空。

《镀金时代》给马克·吐温带来了一笔可观的收入。而当他手中宽裕起来，他立刻想到该像他的街坊邻居一样，过点豪华优雅的日子。当年，马克·吐温就在哈特福德买下了一块地皮，设计兴建了一座引人注目的别墅。

房子是砖砌的三层塔式建筑，照马克·吐温力求舒适的要求，开了许多扇窗户。房间里的光线格外充足，空气十分畅通，每扇窗的外面都有一番景致。屋内装饰物不是很多，显得轻灵而不笨重，体现了主人实用主义的眼光和观点。

在书房旁边还有一个漂亮的弹子房，每当马克·吐温枯坐太久时，便可以去里面打打弹子球，活动活动。隔壁是个温室，里面养着许多花草。当花儿开放的时候，其他屋子里会弥漫着香气，这些又使屋子充分显示出一种浪漫情调。

然而，所有这一切，都令当时的建筑师们恼火，他们指责马克·吐温不尊重维多利亚式的风格。在今天看来，马克·吐温的独特设计和安排，在当时代表了一种革新的意识。

不仅房子修建豪华，他的家还是个宾朋云集的地方，许多作家文人、演员教授都是他的座上宾。来自各地的记者和求教的青年也不时前来拜访，就一些问题讨教一番。马克·吐温成了哈特福德乃至全国最受人瞩目的人物之一。

此时，马克·吐温在文坛上站住了脚跟，成为小有名气的年轻作家。他的几本书不断地给他带来丰厚的稿酬和版税，他成为了英美两国社会的名流，不时收到人们的演讲邀请，所到之处都受到规格相当高的接待。

马克·吐温有了自己漂亮的居所，又有一个和睦安宁的家。他可以镇定自若地发掘自己的创作才华，朝更高的目标迈进了。

懂得"剽窃"的内涵

1872 年，弗吉尼亚市的古德曼先生到美国东部来。有一天，马克·吐温和古德曼在百老汇大街上走着。

突然，古德曼对马克·吐温说："你怎么剽窃了奥利弗·温德尔·霍姆斯的献词，把它写进你的书里？"霍姆斯是美国作家。

马克·吐温漫不经心地作了一个含糊其词的回答，因为他以为古德曼是在和他开玩笑。因为他从来没有剽窃过任何一个作家的任何文章。他以为古德曼是在试探他。不过，古德曼强调他是认真的。

古德曼说："我并不是要讨论你究竟有没有剽窃的问题，因为这个问题我们到前面第一家书店就可以解决。我要问的是，你怎样剽窃的，我感到好奇的是这个。"

但是，马克·吐温无法回答这个问题，因为他赌咒说自己没有剽窃过任何东西。在心里，马克·吐温以为古德曼把另一本书错当做他的书了，从而使古德曼自己陷入了尴尬的境地。

随后，他们走进了一家书店。古德曼向书店要一本《傻子国外旅行记》和一本讲究的蓝底金字的奥利弗·温德尔·霍姆斯的诗集。古德曼打开书，把献词找了出来，然后说道："读一读看，很明显是第二个作者剽窃了第一个作者的话，是不是？"

马克·吐温一时间惊得说不出话来。他们继续往前走，可是，对于古德曼先生刚才提出的问题，马克·吐温无法提供任何解释，因为他实在记不起自己曾见过霍姆斯的献词。他知道霍姆斯的诗，但是对于献词，他还是刚刚才见到的。

对此，马克·吐温一直百思不得其解。直到几个月之后，他才搞明白了是怎么一回事。

马克·吐温收到牧师赖辛博士的一封信。在这封信里，赖辛博士提到了 6 年前，他们在夏威夷群岛上遇到的某些事情。在谈别的事情时，他提到了檀香山旅馆里文学书籍非常缺乏的情况。起初，马克·吐温不理解这句话的用意所在。可是，他突然理解了，在柯克霍夫先生开的旅馆里只有一本书，那就是霍姆斯蓝底金字丛书的第一卷。马克·吐温有两周的时间熟悉书中的内容。因为他骑在马背上，周游了夏威夷。夏威夷天气比较炎热，马克·吐温穿着马裤骑马，骑得太久了，屁股上就长了不少鞍疮。如果每个疮都要付税的话，他就得破产了。

于是，马克·吐温不得不待在房间里，衣服也不能穿，只感到一阵阵地疼痛，长达两周之久。在这难熬的一段日子里，除了雪茄和那一卷诗集外，没有别的伙伴。于是，马克·吐温便经常读这卷诗集，烂熟于心。

从此，这本诗集的全部内容在不知不觉之中就被马克·吐温的大脑保存在朦胧的记忆之中，然后到了需要献词的时候，它便自动地跑出来了，可马克·吐温却想当然地认为，那是他自己美妙的幻想的产物。

此时，马克·吐温还不懂得人类心理的奥秘，对他来说还是一本没有打开的书。他愚蠢地把自己看做是一个顽固的而又无可原谅的罪人。于是，他给霍姆斯博士写了一封信，把这件丢人的事讲出来，并以充满热情的语言请他相信，自己不是故意犯这个罪孽的。

很快，霍姆斯博士就回了信。在信中，霍姆斯对这件事的全部经过，善意地大笑了一番。他对马克·吐温说，无意识的剽窃何罪之有。他说世上每一个写字的或者说话的活着的人，天天在这么干，而且不只是干一两回，而是只要一张嘴就这么干。

霍姆斯博士还说，人们的用词，从精神上来说，可说是我们阅读的东西通过各种各样的渠道投射下来的影子。我们用的得意的词汇，其实绝非来自于我们自己。

属于我们自己的，无非只是依照我们的脾气、性格、环境、教育与社会关系而作的一些微小的修改而已。只是这么点修改，使之区别于别人的表达方式，打下了我们特有风格的烙印，暂时算作是我们自己的东西。进而片面地认为，几千几万年来世世代代的人们所说的，只不过是一些陈词滥调而已！

在读到霍姆斯博士的这封信后，几十年过去了，马克·吐温自己也深刻地体会到，霍姆斯的见解是十分正确的。的确，大家写的任何文字，使用的任何语言都不是凭空出现的，那些集结着人类精华的语言和词汇，最终汇集成我们要表达的意思是需要一点点个人的发挥，这样才会让人觉得与众不同。但是归根结底，这些都是前辈们曾经使用过的 。从这个意义上来说，"剽窃"其实是一种创造和发挥。

成功塑造汤姆·索亚

在哈特福德居住的近几十年里，马克·吐温最爱去的地方就是夸里农庄。夸里农庄原是兰登先生买来用于消夏的乡村别墅，位于埃尔迈拉东边 5 英里的小山上。

兰登先生去世后，农庄由他们的养女苏珊·兰登继承。苏珊在和西奥多·克莱恩结婚后，把家安在农庄。夫妇俩待人非常真诚、热情，特别是克莱恩，他还是马克·吐温的好朋友，两人在一起经常讨论文学上的问题。

在离主要房屋不远的地方，有一个八角形的小书亭，四周全是窗户，坐在屋里，可以俯瞰不远处的艾尔迈拉和希芒河谷的风光，可以远眺宾夕法尼亚那些黛青色的山峦。近处是花草树木，盛夏季节甚是宜人。在这里，马克·吐温可以从 10 时一直写作至 17 时，而不用担心被打搅。

自从马克·吐温发现这样一个幽静、合意的工作场所后，他就舍不得走开了。也正是在这里，他完成了最为优秀的几部作品，即《汤姆·索亚历险记》、《哈克贝利·费恩历险记》和《在亚瑟王朝廷里的康涅狄格州的美国佬》。

1874 年夏，马克·吐温在此开始写《汤姆·索亚历险记》。他开始时的意图是想写部有关密苏里州的顽童汤姆·索亚的故事，但他发现，"写到手稿 400 页时，故事突然停了下来，坚决不肯前进一步了。我失望，我难过，我大为诧异，因为我明白，故事还没有讲完，而我又不理解，为什么我竟然无法前进。"

马克·吐温对此大伤脑筋，但又无可奈何，于是只好将写了一半的稿子放在书架上。恰在这时，威廉·豪威尔斯来信邀请他为《大西洋月刊》写些稿件，他犹豫了一下后，接受了邀请。他把自己在密西西比河上工作生活的一段真实经历写下来，以连载的方式在《大西洋月刊》上发表。

《密西西比河上的往事》，马克·吐温主要记写了自己在 1856 年以后的几年，在河上当领航员时的生活，几乎没作任何的夸张和虚构，是部自传体的佳作。

写完几篇连载故事后，马克·吐温又从书架上翻出写了一半的《汤姆·索亚历险记》，读了读。"只有在这时候，我才有了这个伟大的发现，那就是，当油箱干枯的时候，就要放下来，等它重新装满。"马克·吐温说，当初写不下去的理由很简单，"我的油箱干了，空了，储存的原料用光了。没有原料，故事是无法前进的，空空如也是写不出来的。"而今，相隔近一年后，他的油料充足了。

作品很快就完成了，但在送给出版商以前，马克·吐温还显得有些信心不足，因为他确定不了这是部纯粹的儿童读物，还是部供成人读的讽刺性作品。于是，他请豪威尔斯看一看，对方看过后，甚感满意，称赞它是一部了不起的小说。终于，1876 年，马克·吐温放心地让汤姆走出了书房，走到世人面前。

《汤姆·索亚历险记》是马克·吐温所有作品中，拥有最广泛读者的作品之一。它描写了渴望创立功勋的少年汤姆和哈利冲破家庭、宗教和陈腐刻板的教育制度的束缚，去从事正义斗争的故事。

马克·吐温以酣畅的笔调，描绘了密西西比河畔优美的风光，倾吐了对童年生活的眷恋之情。同时，对停滞的小市民生活、畸形的教育制度等社会弊病进行了讥讽和嘲笑。《汤姆·索亚历险记》刚一问世就受到了广泛的赞扬，豪威尔斯称它是"至今在小说中表现西南地区生活画面的无与伦比的、最好的"作品。

这部作品的成功，极大地鼓舞了马克·吐温，他终于找到了最适合自己的素材和风格，学会了怎样对待写作进行不下去的办法。这一切都预示着他创作高峰的到来。

马克·吐温喜欢躺在床上读书或写作。有一天早晨，一个新闻记者来采访他。马克·吐温让夫人奥莉维亚把这个人请到他的卧室里来。

奥莉维亚反对说："难道你不应当起来吗？你自己躺在床上，而让人家站着，这像什么话呢？"

马克·吐温想了想，然后说："我没有想到这一点，那你最好叫佣人再铺一张床吧！"

有人在马克·吐温声名最盛的时候说他的幽默将流传30年而不衰，对这种高度的评价，马克·吐温本人却不是十分的自信。然而，时隔百年，他的名字还是很新鲜。他所获得的公认，先在欧洲达到顶峰，其后又传到美国，有力地证实了《纽约时报》在他逝世之日所作的预言："他的名声是永远不会磨灭的"。

马克·吐温始终是一副认真而淳朴的面孔，他的情绪始终是轻松愉快的。

所以，有人说："你必须带着一种幽默感来接近马克·吐温，不然你会迷失的。决不要试图去剖析一位幽默家。你的第一刀就会把他杀死，把他变成一个悲剧作者。你必须带着微笑来看马克·吐温。"

开创美国新文风

汤姆·索亚的成功塑造，使马克·吐温沉浸在对童年的美好回忆之中。由此，创作激情一发不可收。

于是，马克·吐温开始写哈克贝利·费恩的故事，但刚写几十页，便卡住了。这回马克·吐温不再心慌了，他平静地将书稿收起来，放到书架一隅，静候灵感的到来。

1877年，马克·吐温开始写另一部小说《王子与贫儿》，但这部作品的命运和"哈克"差不多，写到一半就搁置了，因为油箱干了。在两年中间，他碰也没有碰它。他又去写斯托姆斐尔德船长的故事，但仍不见成效。

马克·吐温还写了一个故事叫《究竟是什么?》，也发生了两次间歇。第二次间歇经过了很长的时间，达到4年之久。另有一本未完成的书，马克·吐温把它叫《破舟避难记》，书写了一半，以后也就这样了。另一本书叫《细菌历险记：一个细菌的三千年》，写了一半，就此算了。

其实，这些个油箱此时已经灌满了，只要他重新握起笔来，这些书会自动前进，直至完成。可是，他对笔已经产生了厌倦。

马克·吐温心里开始烦躁不安起来，于是想去欧洲旅行。1878年初春，他携同妻子和两个女儿，还有好朋友乔·特威切尔牧师一起动身去欧洲大陆旅行。

他们先是到达德国，在慕尼黑住了一段时间，然后去法国巴黎、比利时、荷兰、英国、意大利等地。途中，马克·吐温一边饱览湖光山色，一边为创作搜集素材。在巴黎，他写了本记述此次游历过程的

《国外徒步旅行记》。该书在他回国后出版。

1880 年，马克·吐温又坐到了哈特福德的书桌前，"哈克"仍在孕育之中，而《王子与贫儿》已水到渠成，同年 6 月便完稿了。就在一个月之后，他最小的女儿吉恩出生了。

《王子与贫儿》是历史题材，是部童话式的幽默讽刺小说。其主人公是 16 世纪中叶英国的两个男孩：一个叫汤姆·康第，出生于贫民窟，另一个叫爱德华·都铎，是王太子，两人年龄相仿。虽然他们俩在出身上有天壤之别，但碰巧长相、个头十分相像。一个偶然的机会，汤姆和爱德华遇到一起，两人好奇地互换了衣服，各自开始一段传奇浪漫的生活。

汤姆成为王子，落户宫廷，并在老王驾崩后，当上了国王。

爱德华则成为伦敦贫民窟中的流浪儿，一身破衣烂衫，过着颠沛流离的苦难生活。有几次要不是一位落难的好心的爵士迈尔斯·亨顿救助，怕连性命也没有了。

故事结尾时，真假国王会面用信物辨出真伪，真国王爱德华即位，汤姆领奖受封。

马克·吐温写这么一个虚构的故事，并非只是为逗人一笑。他的真正用意在于，借两个孩子的经历描绘同一个社会里的两个不同的世界，借贫儿的眼来看宫廷，让王子去体验一下贫苦百姓的悲惨生活。

1882 年，为完成与出版社签过约的《密西西比河上》一书，马克·吐温专程重回阔别多年的大河，沿着当年做领航员时的线路，在密西西比河上往返旅行了一次，其中会见过许多老朋友，走访了多位童年时的伙伴，听取各种趣闻。

在汉尼巴尔，他惊讶地看到，在过去的这些年里，外面发生了巨大的变化，而汉尼巴尔却还很贫穷。人们显得沉闷不乐，本应随着年龄的增长同时到来的那种富足满意的心情和对未来的信心并不存在。这次旅行给了马克·吐温极大的启发，使他找到了续写《哈克贝利·

费恩历险记》的契机。

1883 年夏天，马克·吐温坐在夸里农庄的小书亭里，一口气将全书写完。《哈克贝利·费恩历险记》在情节上延续了《汤姆·索亚历险记》，是前者的续篇。但不同的是，后者改由主人公哈克贝利用第一人称讲述全书。

一部文学巨著往往在其思想内涵上既有明晰性的一面，又有多义性的一面，《哈克贝利·费恩历险记》也是如此。它既是抗议奴隶制的呐喊，又是歌颂哈克与吉姆间友谊的赞歌。既是哈克的"自觉道德感"与畸形的世俗意识直接交纳，并战而胜之的生动演示，又是哈克在思想上由稚嫩走向成熟的发展过程的体现。

此外，《哈克贝利·费恩历险记》在语言文体风格上的成就开创了美国文学的一代文风，成为"一个不可动摇的典范"。它的影响不亚于一场文学革命。

正是从这种意义上，欧内斯特·海明威评论说："一切现代美国文学都来自马克·吐温写的一本叫《哈克贝利·费恩历险记》的书。"《哈克贝利·费恩历险记》标志着马克·吐温文学创作的最高成就，它有着美国文学史乃至世界文学史上最伟大的杰作之一的地位，是任何人都无法动摇的。

快乐的家庭生活

自 1869 年马克·吐温出版第一部书《傻子国外旅行记》以来，他的作品已有 8 部之多了。

在多年与出版商打交道的过程中，马克·吐温深刻地感受到那些出版商的阴险和狠毒，也感到其中有无限的商机。他为自己辛苦写成的书，没能带给自己最适当的报酬，却使那些出版商发了大财而深感愤怒，可一时却奈何不得。

此时，马克·吐温想起了外侄女安妮的丈夫查尔斯·韦伯斯特。虽然他从未从事过商业和出版工作，但马克·吐温还是看中了这个毫无经验的人显示出的"才干"。

马克·吐温决定，由他出资金，让韦伯斯特经营管理，开办一家自己的出版公司，同时交给韦伯斯特《哈克贝利·费恩历险记》的手稿。

1884 年秋，为筹措资金办出版公司，马克·吐温又一次登上讲坛，在全国各地作巡回演讲。在这次演讲中，他不仅讲故事、小品，还为支持格罗弗·克利夫兰竞选总统而发表了一系列演说，均取得成功。4 个月后，他满载而归。

1885 年 2 月，《哈克贝利·费恩历险记》在美国正式出版。而在前一年，该书已先在英国出版。经营的策略取得圆满成功，也为韦伯斯特公司打响了第一炮。

紧接着，公司印行出版了第二本书，即尤利塞斯·格兰特将军的《回忆录》。格兰特将军曾任南北战争时北方军队的总司令，战后，在 1868 年至 1877 年间连任两届美国总统。

马克·吐温与格兰特将军在 19 世纪 60 年代就曾有过交往，双方都留下了很深的印象。格兰特将军退休后，有家出版社约他写自己的回忆录，但出的价码与其说是很低，不如说是在蒙骗他，坑害他。

在马克·吐温的全力说服下，格兰特将军同意书写成后，由韦伯斯特公司出版。事实证明，格兰特将军的选择是对的，而马克·吐温的决策更加英明，他不仅救了陷于贫困中的将军一家，而且替自己的公司赚进了一大笔收入，而且使自己的公司在全国赢得巨大的名声。

1885 年是马克·吐温文学创作上登峰造极的一年，也是他经济状况十分丰厚的一年。事业的成功和经济的兴旺，为其乐融融的家庭增添了许多的欢乐。

此时，他的大女儿苏西已经 13 岁，克拉拉 11 岁，吉恩 5 岁。在这三个孩子当中，马克·吐温最喜欢苏西，尽管他在对待孩子方面一向做得恰到好处，彼此一视同仁，但对苏西的爱深到何种程度，或许连他自己都说不清楚。

其原因不在于苏西是长女，而在于她天资聪颖，很小就表现出写作的天赋和才华，对文学有着超人的感悟力。而且，苏西心地格外善良，待人真诚和善解人意。

在苏西 6 岁的时候，她老是梦见一只凶猛的熊。每次从梦中惊醒，她都吓得叫起来。于是，苏西就开始认真地分析这个梦，为什么会做这个梦呢？目的是什么呢？起源是什么呢？经过深入的研究，她得出了自己的判断，因为她"从来不吃人，而总是被吃的"。

在苏西 7 岁的时候，妈妈有几次对她说："好啦，好啦，苏西，不能为了小事哭啊！"

这句话引起了苏西的思索，因为她正在为她心目中的大灾大难连心都碎了：一个玩具给打碎了；原来计划好的一次野餐，因为遇到了狂风暴雨、电闪雷鸣而被取消了；育儿室里一只老鼠养得越来越驯服，越来越亲近人，但是却不幸被猫咬死了。

灾难的大小应该怎样衡量呢？苏西开始认真地思考这个问题，可是思考了好几天还是感到很困惑，于是她找到妈妈，希望得到指点。

苏西很认真地问："妈妈，什么叫'小事'？"

这看似是个简单的问题，但解释起来却遇到了困难。然后苏西举出了一个实例，妈妈准备上街去，任务之一是给苏西买一个答应了好久的玩具手表。

"妈妈，如果你把手表忘了，那是件小事么？"苏西问。

但是，妈妈关心的并不是手表，因为她知道自己不会忘掉。她希望的是如何做出合理的解释，让孩子受到困扰的心灵能够得到安宁。

当然，希望落空了，因为关于不幸的大小，不是由局外人来衡量的，而是由当事人来衡量的。因此，苏西获得许可，可以根据自己的标准来衡量不幸。

马克·吐温深爱着自己的孩子们，对她们的要求可说是有求必应。在闲暇的时候，他会给她们讲故事，和她们一起扮成各种人物在家中演戏。每一年的圣诞前夜，扮成圣诞老人，并说上一些神奇的故事则成了他理所当然的"职责"，他对此的认真劲儿也丝毫不亚于写作。

有一回，他装作圣诞老人给苏西她们写信说：

你和你的小妹妹请人代笔给我写的信，我都收到并且看过了。你们这几个小家伙自己写的信，我也看过了，因为你们写的字虽然不是用大人用的字母写成的，却是用全世界各地的儿童都使用的那种字母，连眨眼的星星上的孩子们也用的这种字母；月亮上归我管的人都是孩子，他们也不用别种字母写字，所以我就能够认得出你和你的小妹妹乱画的那些记号，一点也不费事。

我要是在过道里掉下了雪，你千万要叫乔治把它归到火炉里去，因为我没工夫干那种事情。你叫乔治别用笤帚，要用抹布才行，要不然他不定哪天就会死掉。你千万要盯住乔治，别让他惹祸。要是我的靴子在大理石地面上踩了脚印，别让乔治把它擦掉。就让它留下，永远作为我来过这里的纪念吧！

你的亲爱的圣诞老人

作为一位慈祥的父亲，马克·吐温在家时同女儿们玩耍，每次外出时，也忘不了在信中向她们问好，回来时给她们带上各自喜欢的礼物。

此外，马克·吐温还时常帮助她们学习功课。苏西和克拉拉学历史时，老记不住那些年代和大事件，于是他便想出了一个办法：在夸里农庄的车道旁插上许多标桩，上面贴着纸条，记录下英国历代君王的姓名、生辰年月和发生的一些重大事件。

马克·吐温和孩子们一起赛跑，经过标桩时，就大声念出上面的内容。这样记下来的知识既准确又牢靠。方法经实践证明，确实非常有效。

女儿们不仅给马克·吐温带来了无限的欢乐，而且还是他作品的读者、评论者和编辑。

孩子们总是帮着妈妈编辑父亲的手稿。奥莉维亚总是坐在田庄的走廊上，手里拿着笔，高声朗诵。这时，孩子们就会带着警惕而怀疑的眼神看着她。

因为她们相信，只要她读到特别满意的一段，她总要划掉。这个

想法是有根据的，因为凡是她们认为满意的段落，往往含有某种力量，这就非得加以修改或者删改不可。而在妈妈的手里，也总是如此处理。

马克·吐温为了从孩子们的抗议中得到一些乐趣，他常常滥用"编辑们"的天真无邪的信任。他常常故意掺进一些措辞粗俗的字眼，以博得孩子们一笑。然后眼看那支无情的笔施展"生杀大权"。

而且，马克·吐温总是跟孩子们一起请求宽大为怀，提出各种理由，并且装得非常认真。于是孩子们和她们的妈妈就很容易上了当，其间充满了很多的乐趣。

正当马克·吐温沉浸在成功的喜悦与生活的安适中时，厄运却在慢慢地向他靠近了。

经受磨难

让我们陷入困境的不是无知，而是看似正确的谬误论断。

—— 马克·吐温

富有冒险的精神

马克·吐温除了忙于写作、演讲、出书，他还投资其他的一些领域，敢于冒险，这与他少年时代的性格有一定的关系。

一位老朋友把一个专利抛给了马克·吐温，价钱是 15000 美元。这个专利其实没有什么价值，一两年来他这个朋友一直在亏本。不过，当时马克·吐温并不知道这个情况。

这个朋友对马克·吐温说，要是他把这个专利买进的话，他负责制造与销售。于是，马克·吐温就承接了过来。接着，现金开始外流，每月 500 美元。但是却没有得到任何的收益。

后来，当马克·吐温为了这个专利损失了 42000 美元的时候，他终于把这个"专利"转给了另一个人。

然后，马克·吐温又寻找着有什么冒险事业可干。此时，另一位老朋友也给马克·吐温带来了一项了不起的发明，是一种引擎，或者是一种熔炉，能提取 99% 的那一类东西。

马克·吐温到科尔特军火工厂的理查斯先生那里，把这件事跟他讲了。理查斯是个专家，对煤和气非常精通。他对这个机器有点儿怀疑。他说，一磅煤能生多少气是算得出来的，那位发明家把 99% 的事搞错。随后，理查斯还给马克·吐温看了有关方面的资料。

马克·吐温有些灰心地告辞了。但是他想，也许是理查斯和那本书的数字错了。因此，他便雇用那位发明家来制造机器，薪水是每星期 35 块钱。一切费用都由马克·吐温承担。

这个发明家用了好几个星期才把东西造好。他隔几天就向马克·吐温报告一下进展情况。

最后，马克·吐温为了这项发明花去了 5000 美元，这部机器才算完成。可是机器却不灵，它的确从每磅煤所生的蒸汽中省下了 1%，可是这算不得什么，因为烧茶水的吊壶也能做得到。

　　虽然再次遭遇了失败，但是马克·吐温敢于冒险的精神并未消退。此时，他对蒸汽已变得非常热心了。于是他便又买下了哈特福德一家公司的若干股票，因为这家公司准备革新一切带有新式蒸汽滑车的东西。然而，在 16 个月中，这个蒸汽滑车拖走了马克·吐温 32000 美元，最终一无所获。

　　后来，马克·吐温自己当起了发明家，他发明了一种剪贴簿。因此获得了该项发明的专利，他把这项专利交给了一向对此颇有兴趣的那位老朋友，朋友从中赚了不少钱。

　　但是不久，正当马克·吐温快要分得自己那一份收入的时候，这位朋友的公司又失败了。

　　有一天，这位老朋友向马克·吐温借 5000 美元，说愿意出 7 分利。他以公司的票据作为担保，但是马克·吐温要求有保证人。朋友大为诧异，说要是容易找到保证人的话，他就不会找他借钱了，随便到哪里他都可以借到钱。

　　马克·吐温相信了这个朋友的话，于是就借给他 5000 美元。但是，不到 3 天，这个朋友的公司就垮了。两三年后，马克·吐温只拿回了 2000 美元。

　　事实上，马克·吐温没有从冒险的事业中得到任何的利润，他的收益都是从他写的著作中获得的。

锲而不舍得到合同

1880 年，一贯热衷于发明创造的马克·吐温在一位名叫佩吉的发明家的鼓动下，投资入股参与发明排字机。

曾做过印刷排字工的马克·吐温深知这部机器的潜在价值，一旦发明成功，它将极大地减轻排字工人的劳动，提高排字的速度。此外，它带给投资者的回报也是难以估量的。有了这项前途无量的投资产业，不仅自己，就是他的后代也将享用不尽。

然而，马克·吐温怎么也没想到，当初听说"就要完成了"的机器，却怎么也完不成了！自那以后，他每个月都付给佩吉一定的资金。1885 年，它仍是"就要完成了"，1887 年，它是"就要大功告成了"。

直到 1890 年，马克·吐温为排字机投入了 15 万美元，而它"还不能投放市场"。

在 1890 年时，马克·吐温在《哈泼斯月刊》上发表了一篇小品文，叫做《幸运》。英国一位来美访问的军中牧师把文章内容告诉了特威切尔。

第二年，在罗马，一位英国绅士在路上向马克·吐温自我介绍说："你可知道《幸运》这个小品文中的主人公是谁？"

马克·吐温说："不，不知道。"

绅士说："啊，那是沃尔斯利勋爵……你如果还爱惜你的头皮的话，别上英国去。"

在威尼斯，另一位英国绅士对马克·吐温说了同样的话。这个绅士说："自从沃尔斯利勋爵英姿飒爽地从桑赫斯特英国皇家军官学校毕业以来，一直飞黄腾达，吉星高照，这不能怪他。不过他准会认出这个小品文说的是他自己，别人谁都认得出来。因此，你要是胆敢去英国的话，他准会毁了你。"

1900年，马克·吐温在伦敦，他去参加7月4日的庆祝会。他到会时已是晚上23时以后了，客人们正陆续地离开。乔特在主持会议，一位英国海军上将在讲话，还有两三百人在场。

这时，该轮到马克·吐温讲话了，于是他便从座位的后边往乔特那边走去。当时，这些座位是空着的，在他离乔特还有3张椅子的地方，一位英俊的男子伸出手来说："停一下，这儿坐一坐，我希望跟你认识一下，我是沃尔斯利勋爵。"

一听对方自我介绍说他是"沃尔斯利勋爵"，马克·吐温几乎要摔倒了，勋爵扶住了他。马克·吐温解释说，这是他的老毛病了。他们坐着聊了起来，谈得很高兴。勋爵还要马克·吐温给他一份《一六〇一》。马克·吐温对自己能如此轻易脱身感到十分高兴。他说，一到家就给他寄去。

再说马克·吐温投资创办的韦伯斯特出版公司。刚创立的当年，两次成功的组织经营颇值得自豪，但是到了第二年，一切的征兆表明它在走下坡路。

格兰特将军回忆录所获得的巨大成功，令韦伯斯特得意非凡，他认为是他发现了格兰特将军，他是出版商中最伟大的一个。马克·吐温后来回忆说："在他默默无闻的时候，他的帽子很大。到后来得意的时候，他的脑袋连一只桶也套不进去了。"

事实上，格兰特将军的回忆录是马克·吐温出面拿下出版权的。1884年11月初的一个晚上，马克·吐温在奇克林大厦演讲结束之后，步行回家。当时正下着雨，路上行人很少。在两盏路灯之间的黑影里，有两个模糊的身影出了大门，走在马克·吐温的前面。

这时，马克·吐温听其中一个人说："你听说了吧，格兰特将军终于下定决心，要写回忆录出版了。"马克·吐温能无意中听到这段话，真是很大的运气。

第二天一早，马克·吐温就出门去拜访格兰特将军。他在格兰特将军的书房见到了他。此时，将军正和他的儿子弗雷德·格兰特上校在一起。

将军对马克·吐温说："请坐下来，不用做声，等我把一个合同签好字。"将军还说这是为了他正在写的一本书。

显然，弗雷德·格兰特是在最后亲自审阅合同，他对父亲说，他认为合同是叫人满意的。于是，格兰特将军走到桌子边，拿起笔来，准备签字。就在这时，马克·吐温对将军说："请您先不要签，让弗雷德上校先读给我听一听。"

于是弗雷德上校读了一遍，然后马克·吐温说，他很高兴及时赶来干预这件事。世纪公司是合同的另一方，它建议给将军 10% 的版税，不过这个建议是出于无知。规模宏大的世纪公司对出版杂志是内行的。但是对于征订出版图书这件事，他们没有经验。不然的话，他们不会按照对待一位不知名或没有声望的作者那样的版税办法，来要求格兰特将军写书。

马克·吐温进一步说明这些条文是不公道的，他说，划掉了 10%，改为 20%，最好是改为纯利的 75%。

对马克·吐温所说的，格兰特将军却不以为然，他说他们决不肯出这个价。而马克·吐温却说，不会的，因为在美国没有一个信誉好的出版商不愿意出这笔钱。

格兰特将军还是直摇头，他还是想照合同上的条文签字。随即，马克·吐温指出，按照合同原来的条文，在 10% 中还有一项不利的细节，就是最不知名的作者的合同，这个合同不光是对格兰特将军这样的巨人规定了 10% 的版税，而且还要求在这 10% 中扣除一些费用，像办事员工钱、房租、清洁费以及其他的费用。

最后，马克·吐温对将军说，他应该得到利润的 1/4。至于一些其他的开支，应由出版商从其余的 1/4 中支付。

这个提议使格兰特将军感到很烦恼，他认为这样一来，他自己就被置于掠夺者的地位，成了出版商的掠夺者了。

将军还在坚持着。但是他的弗雷德·格兰特开始被说服了。他主张把世纪公司的合同先放一放。在这段时间里，先把情况研究一下，讨论一下。弗雷德·格兰特说，这不是动感情的事，这是纯粹的谈生意，只应该从这个观点来考虑。

最后，格兰特将军同意把合同的事暂时放一放，到第二天上午再提出来。

在这段时间里，马克·吐温的大脑也在高速运转。他深切地知道，美国出版公司非常乐于得到格兰特将军的回忆录，3/4 利润归他，其余 1/4 归他们。

马克·吐温本来希望立即把这本书交给美国出版公司的弗兰克·布利斯，让他们发发财，可是他转念一想，这家公司掠夺自己已经好多年了，如今该是他出气的时候了。

于是，马克·吐温再次跟将军和弗雷德商量的时候，将军表现得十分谦逊。他得知谢尔曼将军已经出版了他两卷集的回忆录，由斯克里布纳公司出版，那本书的出版已成为有名的事件。

格兰特将军跟马克·吐温说："谢尔曼跟我说，他那本书的利润是 25000 美元。你相信我的书也能收入这么多吗？"

马克·吐温则十分坚定地说，他不仅相信，而且确实知道他的收益会大得多。谢尔曼的书是出版后零售的，那本书原本适宜征订发行，不过，像谢尔曼和格兰特这样著名人物的回忆录，特别适宜这种办法。马克·吐温说，一本书，如果其中的材料适合于用这种办法出版的话，通过征订出版收入的钱，比出版后零售，要高 8 倍至 10 倍。

格兰特将军对自己的回忆录能收入 25000 美元还是很怀疑。将军解释说，他曾向罗斯韦尔·史密斯提出把他的回忆录全部卖给他，稿酬 25000 美元，结果这个提议把史密斯吓坏了。

就在这时，马克·吐温突然想到自己也是个出版商啊。于是他对将军说："将军，把回忆录卖给我吧，我就是个出版商。我可以出双倍的价钱。我口袋里有一张支票，你马上可以把我 50000 美元的支票拿去，我们订个合同吧！"

没想到格兰特将军马上谢绝了，将军说彼此是朋友，他不愿意让一个朋友冒这样的风险。

马克·吐温就说："出版后利润的 75% 归你，所有日常费用，例如薪水之类，由我的 25% 开支。"

格兰特将军一听，就笑了，他问马克·吐温，这样一来还能剩下多少利润？马克吐温说，6 个月内 10 万块钱。

将军问他这个梦想的根据是什么。马克·吐温说："我根据的是你和我两人的作品，在商业价值方面的差异。我最早两本书各卖出了 15 万册，布装本每册 3.5 美元，精装本更贵一些，每册 4 美元，平均 15 万块钱。我知道你的作品在商业上的价值比我至少多 4 倍。因此，你的书能出售 60 万册，你可得纯利 50 万元，我可得纯利 10 万元，这是完全保险的估算。"

最后，格兰特将军打电报给他的好朋友费城《纪事报》的乔治·威·蔡尔兹，要他到纽约来提供意见。马克·吐温说服蔡尔兹，使他相信韦伯斯特的印刷能力绰绰有余。

最后，蔡尔兹做出裁决："把书交给马克·吐温。"弗雷德·格兰特上校也支持这个裁决，并重复了一遍："把书交给马克·吐温。"于是，合同就签订了。而韦伯斯特马上就掌管了这项新的业务。

在写回忆录的过程中，格兰特将军病情越来越重，但他仍然英勇地坚持写下去。后来全书大功告成，而他此时已经气息奄奄。到后来，他已经说不出话来了，需要说什么的时候，则用笔写在小纸条上。

在将军临终前，马克·吐温去看望他。他用笔写下来，问马克·吐温他的书能否对他的家庭有所帮助。

马克·吐温说，推销工作正在大力进行，征订的、寄钱来的正不断涌来。等到推销工作全部完成，他家里可以收进20万元。将军用笔写下了他的感谢之情。

1885年7月23日，格兰特将军病逝于纽约避暑胜地阿迪朗达克的麦克格雷戈尔山。

同年9月，格兰特将军的回忆录付印，制作了几个版子，分给几家大印刷厂承印。大批蒸汽印刷机日夜赶印这本书，几个大装订厂忙着装订。书是两卷本的，大的八开本，布面本9美元，精装本贵些。

1885年12月10日，回忆录公开发行。结果正如马克·吐温所预料的。卖了30万套时，给格兰特夫人的第一张支票是20万美元。几个月以后，第二张支票是15万美元，总共付给格兰特夫人的总数大致有50万美元。

格兰特将军的回忆录的出版大获成功，不仅使格兰特将军一家走出经济困境，也使马克·吐温创办的出版公司大赚了一笔。

维护名誉承担责任

虽然韦伯斯特出版公司成员中，没有马克·吐温的名字，但公众都认为他才是公司的老板。

许多想出书的人都找他，可他应承下的好书都被韦伯斯特拒绝了，韦伯斯特认为他才是公司的主人。只要人家奉承几句，韦伯斯特就满心欢喜，意气风发起来，连看也不大看就把对方的书接应下来。

而且，韦伯斯特还把马克·吐温的一本书《在亚瑟王朝廷里的康涅狄格州的美国佬》尽可能地扣住不发，后来偷偷摸摸地印了出来。由豪威尔斯和马克·吐温汇编的《幽默丛书》，也被韦伯斯特扣了很久，后来也是偷偷摸摸印的。

如此一来，马克·吐温与韦伯斯特之间不免产生许多芥蒂，令彼此都无法容忍。

韦伯斯特的脑神经痛得很厉害，他服用德国新出的一种药。医生对服药是有规定的，但是韦伯斯特却有办法大量地搞到。他服用这个药，次数越来越多，剂量也越来越大。药物把他麻醉了，如同在梦中一般。因此，韦伯斯特平常不上班了，只是隔一阵才来一次。

对于韦伯斯特这个对出版公司有害的人物，必须想办法让韦伯斯特放弃那个地位。韦伯斯特对于该是他的钱总是赶紧收起来，而至于马克·吐温的 10 万美元书款，早已被他浪费掉了。生意被他做得快破产了。

经过反复的协商和通信商量，透出了一个口风，说韦伯斯特愿意以 12000 美元了结，离开公司。于是，马克吐温便开了一张支票给他。

韦伯斯特走后，马克·吐温将公司交由韦伯斯特的助手，弗雷德里克·霍尔去经营。霍尔接手的是个烂摊子。他被前任留下的出版计划搞得焦头烂额，不断地向马克·吐温告急求援。

1889 年，马克·吐温的《在亚瑟王朝廷里的康涅狄格州的美国佬》出版了。它暂缓了公司的破产。

《在亚瑟王朝廷里的康涅狄格州的美国佬》出版时，引起了众人的一片哄笑和喝彩。但也有少数人被戳中了痛处，发出愤怒的叫嚷。该书不仅深刻地刻画了马克·吐温对人间不平的愤恨，也宣扬了他对平等的坚定信念。

日子在一天天地过去，人们依然生活在贫穷困苦之中。只不过慢慢地，他们学会了反抗。克罗克大头目那个"只为自己捞钱"的政府把持了 16 年之后，纽约市的选民们便起来反抗了，大家组成了一个联合竞选团，要推翻坦慕尼的政权。

哥伦比亚大学校长塞思·卢乌参加了这次竞选活动，发挥了他的智慧和才能。在一次联谊会的宴会上，塞思·卢乌发表演说攻击克罗克，他套用了 1787 年埃德蒙·伯克在议会弹劾沃伦·黑斯廷斯那篇有名的演说词。塞思·卢乌的演说词印了几十万份，广为散发。

"我检举理查德·克罗克"的呼声，在全体纽约市民心中引起了广泛的回响。

在这次反贪污的运动中，年已 66 岁的马克·吐温亲自参加了百老汇大街的游行示威，在一些街道拐角处演说。

当联合竞选团取得胜利，塞思·卢乌当选市长时，大家都把这次胜利归功于马克·吐温。有一家报纸编了一首歌词：

> 是谁击败克罗克？
> 马克·吐温说，是我，
> 我击败了克罗克，

我这个爱开玩笑的老家伙！

在进行斗争的同时，马克·吐温身心承受着巨大的压力，他觉得哈特福德的空气异常凝重。

1891年6月，马克·吐温关闭了哈特福德的住宅，全家乘船去欧洲，一边旅行，一边治疗恼人的风湿病。他们这一走就再没回过这所房子，再也没开启过那扇门。

1892年9月，马克·吐温一家来到了佛罗伦萨的一幢别墅居住。后来，马克·吐温对这段美好的生活回忆道：

> 在佛罗伦萨别墅里的生活是理想的生活。气候宜人而且景色可爱，不论在白天还是夜晚，一片宁静，远离尘嚣，超脱了烦恼，真如同梦里一般。

1893年，10多年来马克·吐温共投资约20万美元的排字机终于宣告失败。他从意大利回来想避免尴尬，但所做的也只能是最后看一眼那一败涂地的悲惨景象。他说："我完全明白，现在我承认自己是个大傻瓜。"

为了还债，马克·吐温又开始投入写作。1893年，在鲁昂的时候，马克·吐温把价值15000美元的手稿毁了；1894年初，在巴黎的时候，他把价值10000美元的手稿毁了。

马克·吐温是按照杂志上的文章估的价，他生怕这些手稿留在手边，自己会受到诱惑把这些书稿卖出去，因为他自己深知这些书稿达不到标准。他不想把没有把握的东西公开出版。只是当时，马克·吐温正深陷于债务之中，摆脱困境的引诱非常强烈。为了赶走这样的引诱，他便果断地把手稿烧掉了。

而夫人奥莉维亚不但没有阻挠，而且鼓励他这样做。因为她关心丈夫的声誉胜过一切。

就在这时，奥莉维亚帮助马克·吐温抵制了另一个诱惑，有人出价每年16000美元，以5年为期，只要他同意人家利用他的名字作为一家幽默刊物的主编。奥莉维亚帮助他抵制了这场诱惑。

1894年初，马克·吐温创办的出版公司的管理者霍尔的一封信，再次将马克·吐温召回国内。他匆匆回到纽约，看着公司账面上将资产全部抵押后仍亏空的90000多美元，他倾囊倒进公司钱柜20000多美元，想挽救公司，但也只是徒劳而已。

那一年，美国正发生严重的经济危机，企业纷纷破产倒闭，工厂关门停产，工人大量失业，债权人蜂拥而至，瓜分债务人的资产，社会上一片恐慌与混乱。

马克·吐温举目四顾，无处能借到钱了。万不得已，他听从了时任洛克菲勒财团一重要职位的朋友亨利·罗杰斯的劝告，宣告公司破产。

1894年4月，韦伯斯特出版公司倒闭了。公司除了欠马克·吐温60000美元，欠奥莉维亚65000美元外，还欠下96位债权人平均每人1000美元。

从法律上说，马克·吐温可以将公司现有全部资产抵押给债权人，而不担负偿还剩余债务的责任。但妻子奥莉维亚对丈夫马克·吐温说：

这房子是我的房子，应该偿还给债权人，你的书是你的财产，把书交给债权人。你要千方百计地偿还债务，能够多还些便多还些，只要你人还在，便能再干起来，把余下的欠款赚回来，还清它。不用害怕，欠下的每一块钱，我们准备偿还它一百分。

罗杰斯站在奥莉维亚这一边，他是唯一能看清形势的人。他看出了这一回的事和类似的情况有所不同，他对马克·吐温说："生意有生意的法则，那是对的。不过文人的名誉是他的生命，他不妨在钱上面穷一些，可是不能在品德方面差分毫。你务必一分一毫赚回来，把欠债还清。"

马克·吐温接受了忠告。他要尊重自己的名誉，他要重新站起来。从前那样多的困难也没吓倒他，而今，他一定也能闯过去。

在马克·吐温最不走运的时候，罗杰斯搭救了他。他们彼此遇见的时候，还是陌生人。然而，他们分手的时候已是朋友。罗杰斯不止一次地搭救处于困境中的马克·吐温。

罗杰斯对于自己所做的好事，既不损害马克·吐温的自爱，也不挫伤他的自尊，就像是马克·吐温自己干的一样，而且没有痕迹，没有一点儿暗示，没有一句话透露出有恩于马克·吐温的意思。这让马克·吐温心中充满了感激之情。

马克·吐温意识到，自己必须重新干起来，他必须写出一本书，必须重新回到讲坛。奥莉维亚认为丈夫能在 4 年中把负债还清。而罗杰斯则说，马克·吐温愿意多少年便多少年，开头的话，不妨是 7 年。马克吐温认为他说的是一句笑话，但是比奥莉维亚说的 4 年更符合实际些。

有一天，马克·吐温无意间听到罗杰斯和两个有经验的实干家简短的对话。

一个实干家问罗杰斯："克莱门斯多大啦？"

罗杰斯回答："58 岁。"

这个实干家说："58 岁垮的人，95% 再也起不来了。"

另一位实干家说："你不妨说是 98%，那更正确些。"

听到这些话，马克·吐温一时间陷入了犹豫之中。然而，这种忧郁的心情没有持续多久。因为奥莉维亚知道了他的烦恼后，拿起笔和纸，令人信服地算出了未来4年之中的进款，算清了结局会是多么的顺利。

马克·吐温认为，妻子是对的。论远见，论智慧，论盘算的准确，论看问题的全面，在他认识的人当中，除了罗杰斯先生之外，没有一个人能赶得上自己的爱妻。

随后，马克·吐温重新振作起精神。为了还清债务，马克·吐温夫妇决定进行为期一年的全球演讲旅行。在此期间，马克·吐温的朋友罗杰斯帮了大忙。

罗杰斯说服了96位债主，保证了马克·吐温夫人的优先债权人地位。因为在出版公司艰难的日子里，向马克·吐温夫人借了65000美元的期票。然而公司还是破产了。罗杰斯坚持把版税归她所有，以偿还期票。

罗杰斯对债主们说得道理很清楚，他的态度、声调，以及他的眼睛所表露出来的好心肠与诚意，使每一个有头脑、有心肠的人口服心服。但是在96个债权人中，只有三四个人主张对马克·吐温采取苛刻的办法，坚决不肯让步。而其余的人都说不妨随马克·吐温的便，慢慢来偿还债务。他们说，决不阻挠他，也不起诉他，他们说话算数。

罗杰斯非常有先见之明。当他为了马克·吐温的版权据理力争，坚决要求归属奥莉维亚所有的时候，马克·吐温还不明白为什么他把这件事看得那么重。

罗杰斯坚持说，这是一笔很大的资产。而马克·吐温说，这根本算不上是什么资产，他甚至无法把版权送掉。罗杰斯说，再等一等，让经济恐慌缓和下来，生意复活起来，到时候他就会明白这些版权会更值钱。

韦伯斯特公司一垮，马克·吐温的书有7本抛到了自己的手里。他要三位第一流的出版商收进，但是他们不要。如果罗杰斯听任克莱门斯夫人和马克·吐温的主张，版权早就让给出版商了。这将会是一个多么大的损失！

罗杰斯的一系列坚持，挽救了马克·吐温，使他有能力为偿还债务而进行环球旅行演讲。

马克·吐温做得最得心应手的事莫过于写作和演讲，只有这两者能使他彻底摆脱债务，走出深渊。于是，他将正在上学的苏西和幼小的吉恩留在了夸里农庄，和苏珊姨妈一起住。而他则带上奥莉维亚和21岁的女儿克拉拉，开始又一次的环球巡回演讲。

1895年7月14日，马克·吐温带着妻女登上了离开埃尔迈拉的列车，踏上环游世界的旅途。路上正值夏日炎炎，后来还受到炽热的森林地带夏季的高温的煎熬，让人好不烦恼，但是马克·吐温和体质不好的夫人还是坚持了下来。

马克·吐温作环球演讲的消息在报上一登出来，人们都知道他此行的目的。所以，尽管天气炎热，但他所到之处仍受到了观众们的热烈欢迎。人们在心里默默地为这位坚强不屈的老人祝福。他先是在国内的大中城市演讲了一个多月，然后去加拿大，演讲了几场后，又从温哥华乘船去澳大利亚。

在澳大利亚的演讲同样备受关注。在街上，马克·吐温随时会碰见他不认识的人向他打招呼，剧场里挤满了热心的观众。

后来，马克·吐温又去新西兰等地演讲了几周，然后他去了印度和南非，并在那里结束了近一年的演讲旅行。

在《自传》里，马克·吐温说："对罗杰斯先生的好心好意、鼎力相助，我是感激不尽的，而特别该感谢他的是把我的版权保住了。这件事可真是救了我和我全家，使我们不致贫困，保证了我们长期得以过上一个舒适、称心的生活。"

当初为了还债，马克·吐温曾打算卖掉几部小说的版权，罗杰斯却劝说他保留住版权，因为版税会给他带来长期的收益。果然，马克·吐温在版税中取得了可观的收入。

对于这次难忘的演讲生活，马克·吐温曾经幽默地回忆说："我们一边在演讲，一边在掠夺。"每当演讲获得一定收入时，马克·吐温就把钱寄给罗杰斯先生，请他代为还债，但罗杰斯坚持最后一起还债，这样可以给马克·吐温夫妇带来不少的利息。

1896年7月，马克·吐温回到英国，租下一所地处偏僻的房子，集中全部精力把这一年的经历记写下来，即是1897年出版的《赤道环行记》，所得稿酬也尽数用来还债。《赤道环行记》描写了旅途生活中看到的白人对"有色"人种的迫害和屠杀，谴责了殖民主义者的暴行。

1898年底，罗杰斯给在维也纳的马克·吐温打来一份电报，电报上说：

已如数不折不扣地清偿了所有债权人欠款。尚余18500美元，如何处理，盼告。

马克·吐温回电说："投入联邦钢铁公司。"罗杰斯照办了。只有1000美元没有投入，两个月后取出，利息达125%。

在好友的热情帮助下，马克·吐温终于渡过了难关。还清欠债的时间和当初奥莉维亚预料的完全一致，用了4年。

无论处于什么样的境遇中，奥莉维亚总是高高兴兴的。而且她总是能把高兴的心情感染给别人。在一家贫困、负债的日子里，奥莉维亚总是能够说服丈夫马克·吐温不要绝望，要在茫茫云雾中看到光明的一面，并且确实设法让他看到了光明。

在这段日子里，马克·吐温每晚都发表演讲，虽然这么艰苦，可是奥莉维亚到达温哥华时，能和起程时一样健康。从这一天开始，她的身体好了些。虽说夏季连续了5个月，中间没有停歇过。他们到达澳大利亚的悉尼，在赤道以南34度，那正是澳大利亚的夏季时光。在澳大利亚、新西兰和塔斯马尼亚停留期间，全都是夏天。

1896 年 1 月 1 日，从墨尔本开船时，也还是夏天。至于在锡兰，也正值盛夏季节。他们到达孟买时，孟买的英籍居民自称是在冬季，可是对马克·吐温他们来说，自从 1895 年 7 月中旬在埃尔迈拉起程以来，他们没有见到气候有什么变化。对他们来说，全印度都还是夏天，直至 3 月 17 日为止。

当时，杰普尔的一个英国医生劝马克·吐温他们飞往加尔各答，立即离开印度，因为热天会随时来临，对他们会造成危害。因此，马克·吐温一家从拉瓦尔品第赶往加尔各答，搭船前往南非。

尽管如此的奔波劳累，但是奥莉维亚的健康仍然有所改善。马克·吐温在南非演讲旅行的过程中，她和女儿克拉拉一直陪伴着他。

在 9 年的困苦日子里，马克·吐温从没有见到妻子奥莉维亚对全家处境的变化有一句怨言，孩子们也从来没有过。她对孩子们进行了教育，而女儿们也从母亲那里，继承下了她那坚忍不拔的性格。

奥莉维亚的身体因为过分操劳而有所虚弱，但是她又不肯请帮工。而一些必要的社交应酬也不利于她的健康。在纽约繁忙的冬季社交季节，马克·吐温来往的书信很多，使他和秘书都忙不过来，于是奥莉维亚就分担了他们一部分的任务。这就使她更加的劳累了。他们希望回到美国的家中。

1900 年 10 月 16 日，纽约港驶进了一艘船，只见甲板上站着一位白发的老人，他就是在困境中挣扎、搏斗，在国外漂泊多年，终于回家的马克·吐温。

讲究教育方式的父亲

马克·吐温不仅以其卓越的文学才华享誉世界，而且他在教育孩子方面，也堪称典范。

马克·吐温是一个非常慈爱的父亲，他有 3 个女儿，他把女儿视为掌上明珠，疼爱有加。从女儿开始懂事时，马克·吐温写作累了，他就会叫来女儿，让她们坐在自己的椅子扶手上，给她们讲故事。

故事的题目由女儿们来选择，她们拿起画册，常常随意地让父亲根据上面画的人或动物即兴编故事。马克·吐温虽然能够很轻松地编出生动有趣的故事来，但是每次他都非常认真地思量，从不敷衍。

马克·吐温和夫人奥莉维亚与女儿们之间始终保持着一种平等、民主和相互尊重的朋友式的关系，家庭生活中洋溢着和睦融洽的亲情。父亲从不因为自己声名远播而摆出一副居高临下的架子，他也从不斥责女儿。但当孩子有了过失，马克·吐温也决不姑息。

有一次，马克·吐温夫妇想带着孩子们到农庄去度假，一家人坐在堆满干草的大车上，颤悠悠地向郊外驶去。一路上，一家人饱览着美丽的田园风光，这是女儿们向往已久的事了，她们高兴地说笑不停。

可是，就在大车出发前，出现了状况。苏西突然发脾气，要克拉拉改正错误，而且还动用了手中的一根棍子，这惹人生气的事，显然超出了育儿室内所允许的限度。

事后，苏西主动向妈妈承认错误。但是，按照家规，苏西必须受到惩罚。

苏西和妈妈讨论了几种惩罚办法，不过仿佛没有一样是合适的。

因为这次错误太严重了，需要在记忆中留下一个危险信号。被提到的惩罚办法之一，就是剥夺坐干草堆的机会。当然，这个惩罚戳到了苏西的痛处，因为她是多么渴望坐上干草马车，一路欣赏美丽的大自然啊。

最后，妈妈提了各种惩罚的办法，问道："苏西，你看该是哪一种？"

苏西想了一下，显得有些犹豫，她问："妈妈，你看哪一种？"

"苏西，我看还是由你决定，你自己来挑选。"

经过思想斗争，苏西对妈妈说："好吧，妈妈，我看还是挑干草车吧。因为，别的事也许不能叫我记住不再犯。但是，如果我不能坐干草车，那我就很容易记住了。"

马克·吐温非常理解女儿为自己决定的受罚方式，对她究竟有多大的分量。后来，他在回忆这件事时说："并不是我让苏西做这件事的，可想起可怜的苏西失去了坐干草车的机会，至今仍让我感到痛苦，在 26 年后的今天。"

马克·吐温夫妇对犯错的孩子"严惩不贷"的态度是坚决的，但惩罚又是民主的，孩子能够心甘情愿接受的。这就是灵活的自然的运用，是一种无痕的教育，使被罚者心悦诚服。

正是拥有了这样一个特别的，充满智慧和民主的父亲，有这样一个温馨、和睦的家庭生活环境，马克·吐温的女儿们才能够幸福、快乐、健康地成长。

承受痛失爱女的打击

1889 年 12 月，马克·吐温的第三部重要作品《在亚瑟王朝廷里的康涅狄格州的美国佬》出版了。

这篇作品的创作，缘起于 1884 年，马克·吐温与凯布尔外出演讲的途中受到的启发。演讲途经纽约时，他们在一家书店买到了一本托马斯·马洛里爵士写的《亚瑟王之死》，两个人在翻看之后，被其中古雅华丽的词藻和中世纪武士的故事深深地吸引住了。

凯布尔遂在演讲中不时穿插"亚瑟王的故事"，而马克·吐温则迷恋于那些 6 世纪骑士的铠甲、长矛，宫廷里的豪宴场面，骑士们的伟业，奴隶的悲苦生活和变幻莫测的幻术。

于是从 1885 年起，马克·吐温动手写一部异想天开的小说。这部小说的主人公汉克·摩根生长于 19 世纪美国康涅狄格州哈特福德，是位工匠的儿子。他勤奋好学、踏实肯干，学会制造许多样东西：步枪、手枪、大炮、锅炉、引擎等，并在一家兵工厂当头目，管辖两千多工人。

一天，汉克和工厂里绰号叫"赫剌克勒斯"的小伙子发生械斗，因头部遭到重击而昏迷过去。苏醒后，他发现自己来到了 6 世纪亚瑟王时代的英国。

虽然关于汉克的故事有些荒诞，但谁也不会将之当成是"庸俗不堪的诙谐文章"。马克·吐温的指向很清楚：过去和现在，天下一切不合理的专制制度、等级制度和政权。

尽管这部作品在许多方面显得有些不足，但它仍是马克·吐温的重要作品之一，因为它在马克·吐温创作和思想发展中都代表了一种新的转折，是他后期思想发展的萌芽。

完成此书后，马克·吐温就开始陷入经济的困扰之中，但他仍笔耕不辍。在欧洲居留期间，他顶住沉重的经济压力，拼命写作。

在1892年9月，马克·吐温将家暂时安置在佛罗伦萨近郊的维维安尼别墅后，他写了《汤姆·索亚出国记》、《傻瓜威尔逊》、《百万英镑》、《亚当日记》和《冉·达克》等作品，虽然在艺术技巧上没有新的突破，但这些作品在马克·吐温的思想发展中也是一个重要环节。

在写《冉·达克》这个故事时，马克·吐温开头6次都开不好，每次他都把结果告诉夫人奥莉维亚，每次她都报之严厉的批评。沉默片刻，她没有说一个字，但是在马克·吐温看来，她的沉默有如雷鸣一般。

最终，马克·吐温找到了恰当的形式，而且他知道，奥莉维亚会有一个怎样的说法。果然，她说了，说得一点也不犹豫。

为了维护金钱无法买到的正直、高尚的人格和纯洁、真诚的声誉，马克·吐温和他的家人天各一方，在世界各处飘荡，过着节衣缩食的日子。这段艰苦的生活，对马克·吐温造成了巨大的影响。其中，对他影响最大的莫过于爱女苏西的死。

苏西是1896年8月18日在哈特福德的家里去世的，而马克·吐温对她最后的记忆是一年前，他和奥莉维亚、克拉拉动身开始环球演讲，在埃尔迈拉道别那一刻的身影。自那以后，他再也没见到过苏西。

1896年7月，马克·吐温结束演讲，到达英国。他一边在吉尔福德租了所房子，一边写信让苏西和吉恩来英国合家团聚。但信发出去一两个星期了，两人还没有来，只收到一封信，是别人写的，信上说苏西生了小病，暂不能动身，但不大要紧。可马克·吐温和奥莉维亚感到不放心，连忙拍电报催问病情。同时，奥莉维亚和克拉拉收拾好东西，做好回国的准备。

回电总算来了，带来的消息叫他们更加焦虑不安："候明晨电。"马克·吐温连忙拍电报，让对方回电至南安普顿，因为他准备一旦到时候消息不好，就立即从那里乘早班轮船回国。

当晚，马克·吐温在吉尔福德邮局一直等到关门也没见回音。第二天一早，他们赶到南安普顿，一封电报已经到达，说苏西需长期治疗，但定能痊愈。马克·吐温松了口气，但奥莉维亚吓坏了，她立刻和女儿克拉拉登船走了。留下马克·吐温在英国找所大些的房子，以便把苏西她们接过来一起住。

8月18日，马克·吐温站在餐室里的时候，心里并没有想什么特别的事。这时，仆人给马克·吐温送来一封电报："苏西患脑充血和脑膜炎，医治无效，于今日安然解脱。"

接到这个噩耗，马克·吐温一下子吓昏了。他对此毫无思想准备。马克·吐温在给奥莉维亚的信中说："这真是一个令人震惊的消息。我做梦也想不到。简直叫我感到天旋地转啊。我爱苏西。热烈地爱她，可是我过去并不知道这种爱有多么深厚。"

而此时，奥莉维亚和克拉拉母女俩正在大西洋中途。他们还不知道发生了什么事，正急切地前往迎接非同寻常的灾难。家中的亲友到了码头上，半夜才接到奥莉维亚他们乘坐的轮船。他们到清早才露面，但也只见了克拉拉一个人。她回到头等舱时一言不发，妈妈对她望了一下，说："苏西死了。"

当晚22时30分钟，克拉拉和妈妈到了埃尔迈拉，母女俩搭的火车，坐的马车，正是在13个月之前她们从这里西行时所坐的车子。而这一回，苏西还在这里，但是，不是在晨光中招手欢迎，而是在她出生的家里，带着她那苍白而美丽的容颜躺在棺材里。

马克·吐温很爱长女苏西，她活泼、爱玩，还特别好动，也许是继承了父亲幼年性格的特点。与别的孩子不同的是，苏西有时性格内向，总是细细思量那些困扰人生的事和自古以来使人感到迷惑不解的问题。对于一个孩子来讲，这是非常难能可贵的，似乎苏西对周围的一切都能产生兴趣，包括苦恼和困难，她总喜欢问妈妈："这是为什么呀？"

苏西是个善良而诚实的孩子。马克·吐温清楚地记得，苏西在6岁时，总是和妹妹克拉拉发生争吵，为了制止争吵，父母试着采用惩罚的办法，但却失败了。

于是，父亲决定实行奖励的办法：一天不吵便奖给两个孩子每人一份糖果。有一次，苏西拿了糖后显得很踌躇，然后交出了糖，说自己不该得到它，而克拉拉则保留了她的糖。结果证明，两人的确发生过争吵，克拉拉似乎没有什么可以给自己辩解的。

然而苏西却为妹妹说了好话。即使不是这样，糖果已经被她吃掉了。苏西对父母说；"我不知道她心里是不是觉得错了，不过在我的心里，我觉得不对。"

马克·吐温十分赞赏苏西的举动，他认为在道德方面的问题，苏西总能用实际行动来证明她的判断是正确的。

对于孩子的弱点，马克·吐温从不过分责怪它。苏西是个聪明、懂事的孩子。"她学习语言轻而易举，她学习历史轻而易举，她学习音乐轻而易举，她学习什么都轻而易举，迅速而透彻，只是拼音除外。"这是马克·吐温对苏西的评价。

虽然女儿拼音学得不太好，但马克·吐温并不觉得难过，因为拼写是马克·吐温的一个长处，他从来不很看重它。苏西的弱点，往往给家里带来意外的笑声。

一次，苏西对客人说，她只去过一次教堂，那是克拉拉"上十字架"的时候，客人很诧异。原来，她把"受洗礼"说成了"上十字架"。

苏西是个懂事的孩子，在她14岁时，她就开始给父亲写传记，当时马克吐温50岁。

苏西在开头是这么写的：

> 我们是一个非常幸福的家庭，我们有爸爸、妈妈、吉恩、克拉拉和我。我写的是爸爸，要写他，这不难，因为他是性格非常突出的人。
>
> 爸爸的模样已经写过好多回了，不过写得非常不正确，他有美丽的灰白头发，不太厚，也不太长，长得刚合适。那罗马式的鼻子，大大增加了他外形的美。那和善的蓝眼睛，还有小胡子，他的头和侧面长得特别好看。他的体形非常好。总之，他是特别好看的男子。
>
> 他脸上所有的部位都是完美的，只有没有特别美观的牙齿。他的肤色非常好看，他没有留大胡子。他是一个很好的人，也是很有趣的人。
>
> 他有脾气，不过我们全家都有脾气。他是我遇见过的或者希望遇见的最可爱的人。还有，他真能讲好玩的故事。克拉拉和我老是坐在他椅子两边的扶手上，听他讲墙上图画中的故事。

在马克·吐温看来，这才是直言不讳的传记，也是忠实的传记。苏西对父亲没有加上任何修饰点缀，包括对他的一些坏习惯。

对于苏西所写的传记，即使有拼音错误，马克·吐温仍保留着原来的样子，他说："我爱它，不能亵渎它。对我来说，这是金子。改正它，就是往金子里掺假，而不是提炼它。"

马克·吐温始终保留着苏西式的拼音，这些文字总能让他回忆起可爱、善良的女儿。

此时，马克·吐温独自在英国的家中，一遍一遍地念叨："我再也看不到她了，我再也见不着她了。""啊，你会看到她的。啊，我也很想能看她，抚摸她那没有知觉的脸，亲吻她那没有反应的嘴唇，可是我不会把她唤回来，不，她已经获得了人世间所能提供的最宝贵的礼物，我决不会剥夺她的幸福。"

为了不使自己因悲痛、忧伤、悔恨而发疯，他在家中不停地走动，没完没了地打着台球，并且一封接一封地给奥莉维亚写信。

奥莉维亚赶到时，见到的是躺在棺材里的女儿，她陷入悲痛之中。脆弱的身体受到了一次严重的打击。环球旅行中，奥莉维亚顶住了旅行的疲劳，然而十几岁时造成的病痛一直折磨着她，甚至睡觉时她都不能翻身。由于心脏疾病，她害怕走下坡路，即使很小的坡度，她都要请车夫勒着马一步步地走。苏西的去世使她的身体变得更坏了。

然而，奥莉维亚还总是保持着年轻人的性格，对许多事情保持着强烈的爱好。她对马克·吐温的演讲总是抱有极大的兴趣，总是听不厌，看不烦。

每当马克·吐温参加演讲活动时，奥莉维亚总是丈夫最热心的听众。即使路途再远，她也要跟在自己的"小伙子"身边。马克·吐温觉得这样会使她更劳累。事实也是如此，她的劳累早已超过限度了。

奥莉维亚把苏西安葬在埃尔迈拉，随后带着两个女儿和一个仆人，乘船回到英国与马克·吐温会合。

批判现实主义的作家

爱女苏西的死，使马克·吐温一度心灰意懒。他的家中没有欢乐，没有喜庆，连圣诞节也好几年都没过。他急切地回忆着苏西的音容笑貌，写下关于她的笔记，借以排遣心中的痛苦和悔恨。但当时背负的债务却仍像一柄倒悬于头颅上的利剑，逼迫他去写作，去挣该死的钱。

1897 年，马克·吐温将自己一年来环球旅行演讲的经历记录下来，完成了《赤道环行记》。

《赤道环行记》不能算是一部佳作，但那一年的所见所闻给了马克·吐温太多的疑问，也使他认清了许多东西。他经历了经济的灾难、亲人的逝世，感受到美国的危机、世界的动荡和殖民地人民的苦难；他看到了邪恶的战争，横行、猖獗的掠夺，也看到了政客们厚颜无耻的嘴脸；他看穿了宗教法衣下虚伪、空洞、卑鄙的灵魂，也看穿了资本主义社会里的现代人阿谀奉承、笑里藏刀的罪恶本性。

马克·吐温的思想陷入了痛苦的深渊。他为认识这一切付出了高昂的代价，但也使得他对人类和人类社会的认识达到了他所能达到的最高高度。此时，夸张、荒诞、童话化等不再是为了好笑，而是为了借其融进自己冷峻尖刻的嘲讽和愤慨。

1893 年完成的《傻瓜威尔逊》和 1899 年完成的《败坏了赫德莱堡的人》就充分说明了这一点。

1900 年，马克·吐温回到美国后，他依旧是上流社会的座上宾，处处受到欢迎和恭维。但当他面对现实，他的心情愈发沉重起来。每当他从聚会、宴请中回到家里，或在与好友豪威尔斯、特威切尔等人的交谈中，他那抑制不住的愤怒就迸射而出。

马克·吐温开始沉思和反省，写下了《人是怎么回事？》《斯托姆斐尔德船长天国游记摘录》和《神秘的陌生人》等作品。

《斯托姆斐尔德船长天国游记摘录》是一部幻想讽刺小说，最先构思于1870年左右，数易其稿后，在马克·吐温辞世前6个月发表。作者幻想船长在死后灵魂升至天堂，并将他的一路见闻和在天堂的游历记录下来告诉人们：天国里的人不爱弹竖琴，不愿永远年轻，用不着翅膀，背后的光环也是个累赘；天国同人间一样，也有亲王贵族，也有贫贱富贵之分。而占据显赫地位的，与人世一样，是那些罪犯和无赖。

马克·吐温用奇异大胆的想象和怪诞的手法，无情地讥笑宗教信仰的荒谬，嘲弄教会、牧师对所谓的天堂生活的鼓吹。既鞭挞了宗教的虚伪，也痛斥了人类的愚昧和轻信。

《人是怎么回事？》则深刻反映了马克·吐温对人类的邪恶本性的清楚认识。他写道：

在整个生物界，人是唯一的独一无二的具备恶意的东西。恶意是一切天性、一切感情和一切毛病中最卑劣的品质，是最可恨的东西。单单这一点就使人类低于鼠类，低于蛆虫，低于旋毛虫。他是唯一以使别人痛苦为乐的动物。

一切生物都有杀生的本性，这似乎是毫无例外的；但是在所有的生物当中，人是唯一以虐杀为乐的一种；只有人类才出自恶意。为了报复而嗜杀。

许多文学研究者根据这两部作品和马克·吐温离世后发表的《神秘的陌生人》断定，晚年的马克·吐温是悲观主义者，是宿命论者。但通过对1916年发表的《神秘的陌生人》提出质疑和更深一步的研究，研究者发现，1916 年的版本有很大的缺陷和漏洞。

1969 年，马克·吐温关于《神秘的陌生人》的三种不同文本由研究者公之于世，评论界对马克·吐温的悲观主义一说有了新的认识。

马克·吐温的第一稿原叫《年轻撒旦纪事》，写于 1897 年至 1900 年间，是未完成稿。1916 年，马克·吐温生前的秘书佩因等人在编辑出版作家遗著时采用了它。他们不仅删除了一些意义重要的内容，而且任意增添人物，并采用了第三稿《神秘的陌生人》的书名。这一穿凿附会的举动，令马克·吐温的原作失去了部分原貌，也造成了许多误解。

马克·吐温的第三稿，《神秘的陌生人》，写作于 1902 年至 1908 年间，是一部完成稿。小说假托一陌生人来到 1490 年间奥地利的一个村庄，并引发了一连串故事。其中想象尤为丰富，事件神秘古怪，手法夸张离奇，有对人类美德的称颂，有对科技文明的自豪，但也有一些消极、厌世的因素，但那决不是主要因素。

在字里行间，读者仍可感到晚年的马克·吐温对人世生活的留恋，对人类社会的现状和未来的深沉的思考。所谓悲观厌世的说法，只能说明晚年的马克·吐温困于自己的世界观和资产阶级改良主义者的立场，将资本主义社会中的腐败堕落、资产阶级民主的虚伪和资产者的野蛮无耻，看成是全人类的共同本质。另外，此书的大部分写于奥莉维亚病重和去世的晚间。

陪伴爱侣最后岁月

在 1902 年初，奥莉维亚一度有神经衰弱的危险，不过仿佛危险很快就过去了。

到同年的 6 月底，马克·吐温在约克港近郊找到一个有家具的屋子，以便全家来此度夏。罗杰斯送来了他的"卡那华号"快艇，这是美国水面上最快的蒸汽发动机快艇。也是当时非常先进的水上交通工具。

他们把汽艇停泊在他们屋子附近的河边。奥莉维亚、洁恩和马克·吐温走上了汽艇，此时，马克·吐温才发现奥莉维亚身边没有带佣人，因为她生怕给罗杰斯先生添麻烦，她怕多一个佣人会让罗杰斯先生应接不暇。

但是，这可真是太糟了，罗杰斯原本欢迎她可以全权支配那艘快艇，可是吉恩的身体不好，很需要有人照料。这个任务就落到了她妈妈的身上。因为马克·吐温不大懂，他根本帮不了什么忙。奥莉维亚已经安排好，把全部家什和行李由火车运到约克港。

此时，天气很好，马克·吐温一家仿佛一只鸟儿掠过闪着一片片金光的海面，看着眼前的一艘艘船只被抛到后边，好不快乐。可是，奥莉维亚却得待在下边照料吉恩。到了夜晚，他们就避到新伦敦港，以躲过坏天气。因为要护理吉恩，致使奥莉维亚休息、睡眠不足。

第二天早上，他们开往费尔黑文。到达目的地后，大家上岸到罗杰斯的乡间住处去看望他一家，这样一来奥莉维亚也能好好地休息一下。可是她偏要上岸，搞得自己疲惫不堪。

7 月初，在约克港，奥莉维亚开始为自己的心脏担心了。不到两周，她便害怕把汽艇开出去。任何比较快速的动作都让她感到害怕。她怕走下坡路，即使坡度很小。她请车夫在下小山坡时勒着马一步步地走。不止如此，她还要满怀恐惧地看着他才放心。要是马有片刻步子不稳，她也要一边抓住马克·吐温，一边抓住车身，显得惊慌失措。她似乎已经无法控制自己对一些莫名其妙的事情的恐惧和担心了。

后来又发生了一件奇异的事。豪威尔斯住在基特里角，距马克·吐温家坐电车只要 45 分钟。有一天下午，豪威尔斯来看望马克·吐温。此时，奥莉维亚正在楼上她的卧室里休息。豪威尔斯和马克·吐温坐在俯瞰小河的游廊上聊天。豪威尔斯说他有一个朋友一生中有一个悲惨插曲的前后经过，其中最感动人的一两点竟然很快就在奥莉维亚身上重现了。

8 月 6 日，约克港庆祝在美洲大陆上实行城市自治 250 周年。在两三天里，白天举行边远殖民区古老的游行、群众大会、演讲会等，夜晚放烟火。这是一片沸腾的景象，人们很高兴能够借助那些活动来表达自己的喜悦之情。

奥莉维亚对这些事也很感兴趣，她白天跟在马后面，晚上坐船，对正在举行的一切加以尽情地享受。如此一来就显得太过劳神，超过了她的体力所能承受的程度，于是病症就开始显露出来了。马克·吐温费尽口舌，终于劝阻她不去参加最后一晚的节目表演，而是在两三英里外的游廊上观看烟火。可是，他的劝阻还是有些晚了，奥莉维亚的体力已经消耗过度了。

1902 年 8 月，奥莉维亚在参加完她生平最后一次社交活动后，终于病倒在床上。

1902 年 8 月 11 日早上 7 时，马克·吐温突然听到一声尖叫，把他给惊醒了。他发现奥莉维亚正站在卧室的另一边，靠在墙上，支撑着身子，一边喘着气说："我要死了。"

他把她扶回到床上，请来了一位纽约医生伦纳德博士。他说这是神经衰弱，除了绝对休息、安静、细心护理，没有其他的办法。

医生莫法特博士每天来一两次，每次待几分钟。要是需要医疗方面的谎话，他一定忠实地提供。当那位经过训练的护士值班的时候，她也要说必要的谎话。这些谎话都是属于善意的谎言。他们希望这些善意的谎言可以暂时缓解奥莉维亚的病痛折磨。

克拉拉每天值班三四个小时，她每天要把10来个危险的真实情况埋在心里，并用神圣的谎话抢救妈妈的生命，给她以希望和幸福。而马克·吐温在奥莉维亚的卧室里什么消息也不讲。他每天只能进卧室一次，每次只有两分钟，而且护士还站在门口，手里拿着表，到时候便请他离开。因为他们怕马克·吐温待的时间长了会影响奥莉维亚的休息，那样将会加重她的病情。所以他们采取了基本的隔离治疗的方案。

由于需要隔离治疗，马克·吐温每天只能靠通信，与隔一间房子的妻子联系。马克·吐温的卧室在夫人卧室的边上，中间隔着一大间浴室，他不能跟爱妻讲话，不过他可以写信跟她联系。每个晚上，他把一封信从浴室门下塞进去，她的床就靠门边。信上没有牵涉到当前情况的消息，对她不会有什么害处。

奥莉维亚用铅笔写下回信，每天一至两次。一开始还写得较长，但是，随着时间的推移，她的体质更弱了，她只能在小纸片上写着颤抖的字，来表达她的爱，直到她去世的那一天。

1904年6月5日星期日晚，奥莉维亚永远地离开了她深爱的丈夫和孩子们。

丧失心爱的人生伴侣的哀痛，不能不表现在作品的部分内容中，请看下面这段：

这么说，你就要走啦，以后再也不回来啦？

对，他说，我们长期以来情投意合，相处得快活，两个人都很快活；可现在我得走啦，而以后我俩再也见不到面了。

　　这是在今生今世，可是来世呢？我们肯定会在来世相会的吧？

　　这时，他非常平静而严肃，作出了不可思议的回答：根本没有什么来世。

但是，即便如此，作为一名头脑清醒的批判现实主义作家，马克·吐温也从来没有悲观过，退缩过。

矢志不渝的英勇革命者

1900 年 10 月，阔别祖国多年的马克·吐温回国时，在纽约受到热烈的欢迎。报上刊登了大字标题的欢迎词，码头上挤满了前来迎接这位伟人的朋友和闻风而至的记者。

马克·吐温一家暂时安顿在纽约市商业区一所租来的房子里。他对来访问的记者们说，离开美国时，他还是个"坚定的帝国主义者"，但自那以后，他认真思考了许多事情，"现在我是一个反帝国主义者"。

"我是一个反帝国主义者"，这句话可以说是马克·吐温晚年生活和思想的真实写照。

在 19 世纪的最后 30 年里，世界资本主义处于飞速发展之时，几个主要资本主义国家迅速完成了由自由资本主义到垄断资本主义，到帝国主义的转变。

整个世界处于动荡不安之中，每个角落都有帝国主义罪恶的身影在晃动。它们在国内愚弄欺骗人民，镇压起义罢工，鼓吹发动侵略战争，对人民的贫困生活置之不理。在殖民地大肆抢劫杀戮，彼此之间不断因为利益瓜分上的冲突而大打出手，将殖民地、半殖民地国家当战场，使当地人们处于水深火热之中。这样的形势，引起了马克·吐温的关注和思索，在他心中激起了义愤的火花。

在《赤道环行记》中，马克·吐温把矛头指向了当时在殖民地烧杀抢掠的大英帝国和俄、德帝国。他以无比愤慨和蔑视的心情，记录下殖民者在澳大利亚、新几内亚、新西兰、塔斯马尼亚、印度、南非等地犯下的种种罪行，撕下了帝国主义侵略者用以掩盖自己劣行的所谓给当地人带来"文明"和"福音"的假面具，批驳"解救被奴役者是白人的责任"的无耻论调。

《赤道环行记》的问世，受到了开明人士的高度赞扬，同时也引来了帝国主义势力及其支持者的打击和挖苦。但是，马克·吐温没有动摇；相反，他以更大的热情投身到反对帝国主义的斗争中去。

19世纪90年代末，在欧洲，马克·吐温曾在报上发表讽刺小说和杂文，声援法国作家爱弥尔·左拉的行动，为争取德雷福斯案件的重审做出了一定的贡献。回国后，他的斗争热情更加高涨，他以一副反帝政治家的新面孔，出现在了美国民众的面前。

1900年11月23日，马克·吐温在纽约勃克莱博物馆内举行的公共教育协会上，发表了一篇《我也是义和团》的重要讲话，谴责帝国主义列强在中国的野蛮行径，声援中国人民抗击侵略者的斗争。

马克·吐温说：

> 外国人不需要中国人，中国人也不需要外国人。在这一点上，我任何时刻都是和义和团站在一起的。
>
> 义和团是爱国者。他们爱他们自己的国家胜过爱别的民族的国家。我祝愿他们成功。义和团主张要把我们赶出他们的国家。我也是义和团，因为我也主张把他们赶出我们的国家。

由此可见马克·吐温抨击帝国主义者的坚定决心和胆略，也可以看出他对中国人民的友好情谊，以及他对中国人民遭受的苦难表示同情和关注。

早在1868年，马克·吐温曾撰文，反对帝国主义列强在中国设立租界。

1874年，马克·吐温写了书信体小说《高尔斯密的朋友再度出洋》，揭露美国人对华工的歧视和迫害。

八国联军进入北京时，马克·吐温曾表示过自己的愤怒，并坚信中国必将能拯救自己。在后来写成的《神秘的陌生人》和《自传》中，他仍念念不忘中国。

马克·吐温是中国人民坚定的、矢志不渝的朋友，他参加反对压迫、维持正义的斗争绝非是一时冲动，他也决不是某些造谣诬蔑者所说的"叛国者"、"精神病"。

1901 年 2 月，《北美评论》上发表了马克·吐温的战争檄文《给黑暗中的人》，文章以尖刻、辛辣的嘲讽，一层层地剥下了帝国主义者为殖民地各民族带去"福音和文明"的画皮。其冷酷的幽默、无情的鞭挞，以及许多双关语、隐喻的运用，使它成为反对帝国主义运动的讽刺文学中最伟大的作品之一。

马克·吐温指出，在"文明之福托拉斯"的口号"爱、正义、温和、基督教义、保护弱者、节制、法律和秩序、自由、平等、为人正直、仁慈、教育"的产品包装的里面，"才是坐在黑暗里的主顾用他们的血和泪、土地和自由买来的实际东西"。

马克·吐温逐一谴责英、德、俄、美各国在全世界犯下的罪行。英国在南非用"长勺子"刺刀刺杀布尔人；德国在中国山东干着"敲竹杠"的买卖；俄国人则"一手举着他的和平王子的旗帜，一手抓着它的赃物篮子和屠刀"强占满洲，屠杀那里的无辜居民；美国在总统麦金利这位"耍把戏大师"的指引下，替古巴人、菲律宾人做好事，赶走了西班牙人，让他们享受"友谊"的美酒。

马克·吐温还大胆倡议，给美国属下的菲律宾省缝制一面大旗，把星条旗的"白条染成黑色，把星星换成骷髅和交叉的大腿骨"。

这篇文章发表后的巨大反响可想而知。纽约反帝联盟立即把它印成小册子广为散发，唤起无数人的支持。同样，各种谩骂和指责也随之而来。面对敌人的侮辱，马克·吐温昂首挺胸，以更加猛烈的炮火还击他们。

紧接着，马克·吐温又发表了《给我的传教士批评家们》和《为芬斯顿将军辩护》，用以进一步揭露教会和美军在殖民地的所作所为。此后的一段时间，马克·吐温暂时离开了战斗的前沿，回到他所钟爱的妻子身旁，奥莉维亚病重了。

虽然，爱妻奥莉维亚从马克·吐温的眼前永远消失了，但她仍然活在他的心中。他沉浸在悲哀之中，沉浸在昔日两人的情感世界中。

1905年，马克·吐温完成了《夏娃日记》。在书中，他写道："她在哪儿，哪儿就是伊甸园。"

但是，人民需要马克·吐温，人民需要这位勇敢的战士继续参加战斗。公众坚持不懈地寻找，终于又激发起这位老人的活力和斗志。马克·吐温又渐渐地回到群众当中，与正义的人们一起，与那些发动战争，血腥屠杀"野蛮人"，扼杀革命的刽子手们展开斗争。

1904年底，马克·吐温写了《战争的祈祷》一文。文中，一群受战争煽动者蛊惑的新兵在出征前聆听牧师为他们祈祷："啊，上帝呀，帮助我们用我们的炮弹把他们的士兵撕成血淋淋的碎块吧；帮助我们使他们的爱国者的尸体覆盖他们那风光明媚的原野吧！"

这篇文章完成后，马克·吐温把它锁进了保险柜，直至1916年才由他人发表。

1905年4月，马克·吐温发表《利奥彼德国王的独白》这一文章，鞭笞恶魔般的比利时国王利奥彼德在刚果的暴行。俄国资产阶级革命发生后，马克·吐温和全美许多杰出人物一起，在国内发动一场声援运动，募集资金予以支持。

1906年4月，高尔基来到美国后，马克·吐温更是热情高涨，在集会上发表演讲，在报上发表文章予以介绍和支持。

后来，在别有用心的人的操纵和煽动下，报上披露了高尔基的所谓婚姻"丑闻"，想诋毁这位革命者的形象，阻碍他实现募集资金的计划。其实，高尔基与他原来的妻子事实上已经离婚，只因沙皇和教会从中阻挠，而没法办理合法的手续。高尔基与女演员安德列叶夫娜的同居，已是众所周知的事实。

但不论怎样，这桩"丑闻"还是掀起了轩然大波。几乎所有人都来个大转变，纽约的几家大饭店拒绝他们入住，许多宴会、接待也被取消。

高尔基一下子成为了许多人口诛笔伐的犯有"重婚罪"的不耻之徒。在此情况下，原来欢呼簇拥的人退却了，躲到了一边。只有马克·吐温依然一如既往地支持高尔基，竭力向人们解释，要人们分清是非。虽然他一个人的声音被无情地淹没在责难声中，但他那英勇的气概和不畏艰险的精神，却令人深感佩服。

晚年的马克·吐温更加敏锐地看到了帝国主义侵略别国的反动本质。同时，他以超人的胆识，支持被压迫民族的反帝运动。

马克·吐温曾发表过一篇著名的演讲——"我也是义和团"。在这篇演说中，马克·吐温一方面谴责了帝国主义国家对中国的入侵，另一方面对于中国的义和团运动，表示了极大的关注和支持，明确声明，在驱逐外国势力、维护国家主权方面，自己是与义和团站在一起的，因为他们是真正的爱国者。

1910 年 11 月 23 日，马克·吐温在纽约勃克莱博物馆举行的公共教育协会上的讲话时说：

为什么不让中国人摆脱那些外国人，他们尽是在她的土地上捣乱。如果他们都能回到老家去，中国这个国家将是中国人多么好的地方啊！既然我们不准许中国人到我们这儿来，我愿郑重声明：让中国人自己去决定，哪些人可以到他们那里去，那便是谢天谢地的事了。

就在马克·吐温为全世界受压迫的人民奔走呼号之时，他的健康状况明显下降了。他患了支气管炎和心脏病，剧烈的咳嗽和心绞痛引发的痛苦在折磨着他。但是，马克·吐温是个性格急躁、毕生以工作为乐的人，他忍受不了整天无所事事的生活。

他下定决心，要把自己一生的经历和他对人、对世界的感想毫无保留地告诉别人。于是，他忍着病痛，一天又一天地艰难口授着《自传》，以"从坟墓中向世人说话"的真诚和坦率，讲述着曾经发生的一切。

伟大的心脏停止跳动

马克·吐温一生中大多数时间在四处漫游，对他来说，有个固定的居所是他的一种愿望。当年他一手设计建造的哈特福德的家很合心意，但那里留下了令人伤感的回忆。

1904年6月4日，马克·吐温和两个女儿在意大利寻到一处房子，准备买下来永久性地居住下去，但奥莉维亚的病逝再次将计划打破了。

年愈七旬的马克·吐温多么渴望有个家啊！他要带着克拉拉和吉恩在那里继续与命运作斗争。

马克·吐温在康涅狄格州的雷丁选定了一块地方，准备建一所新住宅。工程由他的老友威廉·豪威尔斯的儿子约翰负责。这事他丝毫未加过问。房子造好后，他给这所房子起名斯托姆斐尔德山庄，这似乎与他在此前刚发表的中篇小说《斯托姆斐尔德船长天国游记摘录》有些联系。据说，建房的钱是由小说发表所得的稿费支付的。

1909年，山庄落成后，一家三口从纽约迁到这里。不久，克拉拉在这里结了婚，丈夫是一位叫奥西普·加布利罗维奇的钢琴师。婚礼后，克拉拉与丈夫去欧洲旅行，马克·吐温又因病去了百慕大群岛疗养，家中只剩下吉恩。

吉恩在很小的时候就患了癫痫病，时常发作。在母亲病重期间，吉恩也生病了。那是在圣诞节的前几天，吉恩跟年轻的道奇夫妇一起，在雪地里长时间地坐雪橇和滑雪，回来后身上披着皮大衣，坐下时全身还是汗淋淋的，这样就受了寒。

于是马上给她请来医生，到圣诞节前晚便病得更厉害了，是双肺发炎。

在这段时间里，奥莉维亚从没有想到吉恩生病了，她每天向克拉拉问起吉恩的健康、精神和穿着情况，做些什么事，玩得高兴不高兴。而克拉拉便讲给她听，当然说的都是假话。

克拉拉每天得讲吉恩穿些什么，有时候她老讲吉恩原来一些衣服都讲厌了，于是就凭她的想象给吉恩的衣裳添加些什么。

吉恩需要专门的护士护理她，为此请了一个叫托宾的妇女来照顾她。吉恩的卧室在房子的另一头，跟她妈妈的房间离得远一些。因此，医生和护士来来去去，而妈妈却觉察不到。

一个月后，吉恩能走动了。医生建议给她换个环境。他说应该把吉恩送到南方，送到老角疗养院去，马克·吐温就照办了。凯蒂和托宾小姐陪着吉恩去。吉恩在老角疗养院住了几个星期，因为谁都受不了那个经过训练的护士，于是没到期便回家了。

吉恩不在家这段时间里，妈妈还以为她在家里，心里很高兴，还以为她身体好好的，玩得快快乐乐。克拉拉让妈妈每天都知道吉恩的动向。某一天，她会对妈妈说，吉恩正忙于搞木刻；第二天她会报告说，吉恩正在刻苦地学习外语；再过一天，她会说吉恩正忙着给爸爸的作品打字。

对于克拉拉所付出的辛苦，作为父亲的马克·吐温很是心疼。在给友人苏西·克兰的一封信中，马克·吐温说：

　　亲爱的苏西，两个小时前，克拉拉把她一天的情况讲给我听。当然，我对这些还是搞不清楚，细节太多了。不过，以你在约克港的经验，领略过病房说谎的甘苦，你多少可以了解到那可怜的孩子每天过的是什么生活，每天得在陷阱丛中小心地走路，每小时有两三回差点儿掉进去惹下大祸。

为了让妈妈能延长生命，克拉拉就这样机灵地干了一年多，而且天天如此。

后来，吉恩慢慢地好起来了。在母亲去世后，吉恩一心想要管理好这个家。她每天早上骑马去取信件，然后去巡视自己办的农庄和养鸡场，和女管家凯莉一起操持家务。她还坚持要当父亲的秘书，替他回信。她深以这样的工作而自豪，因为她接替的是她妈妈所没来得及做的工作。

吉恩是一个善良的孩子。从童年时代起，吉恩就把父母给她的零用钱用在各种慈善事业上。工作有了收入以后，吉恩在这方面的花费是很大方的，马克·吐温对此感到很高兴，因为他看到了孩子那颗善良、正义的心。

有时候，吉恩的钱用光了，又不愿意花父亲的钱，于是就把她省下来的衣服和其他一些物品赠给救济院。

1909 年圣诞节的前两天，马克·吐温从百慕大赶回来准备和吉恩一起过节。吉恩满面红光地忙碌着。她忙着采购食品、礼品，她甚至准备好了送给仆人们的圣诞礼物。她还忙着搭建圣诞树，丝毫不见疲惫的样子。父女俩在新家中一边逛，一边聊，很是高兴。

晚上 21 时，他们互道了晚安后，回房休息。

第二天清晨，马克·吐温刚刚醒来，管家凯莉就闯了进来。她站在床边，全身颤抖着，喘不过气来，随后她才说：“吉恩小姐死了！”

马克·吐温后来在笔记中写下了那一瞬间的感觉：“战士在一颗子弹打穿他的心脏时是什么样的感觉，我也许知道了。”

吉恩躺在她的浴室里的地板上，上面盖了一床被单。她看起来是那么的平静、自然，仿佛睡着了一样。吉恩患有癫痫症，她洗澡时痉挛发作，心力衰竭。医生从几英里外赶来，做了种种努力，但是没有救活她的命。

而在 4 天以前，马克·吐温在百慕大度假一个月之后，非常健康地回来了。从第二天起，他就陆续收到从朋友和不相识的人那里来的信和电报。这表明：人家以为马克·吐温正处于病重中。因此，吉恩要父亲通过美联社加以澄清。

而他却说，还没有重要到这个地步。可是吉恩却说他应该替克拉拉着想，克拉拉会从德国报纸上看到新闻报道，她4个月来日夜护理丈夫，人累坏了，身体虚弱，受不住这样的打击。

马克·吐温觉得此话有理，于是他就给美联社打了一个幽默的电话，否认"我正在死去"的"说法"，还说："在我生前，我不会做出这样的事来。"

吉恩的话语仍在耳旁回响，但是4天后的今天，她却永远地离开了深爱她的父亲。

74岁的马克·吐温梦寐以求的家又成为泡影。他写道："我在13年前失去了苏西。5年半前，我失去了她妈妈，她那无人能及的妈妈！克拉拉到欧洲去住了，而如今我又失去了吉恩。我过去多么阔气，如今却多么可怜！"

马克·吐温不愿再经历将亲人埋入墓穴的场面。当吉恩被护送至埃尔迈拉安葬时，他在家中，对着窗外飘零的雪花，沉思着，内心充满酸涩。

马克·吐温还这样写道：

14时30分，这是约定的时刻。葬仪已经开始。是在600英里以外，但是我还是能看得清清楚楚，如同我亲自在场一样。地点是在兰登家的书斋里。

吉恩的棺材停放的地方，正是40年前她妈妈和我站在那里举行结婚仪式的地方，13年前苏西的棺材停放的地方，5年半前她妈妈的棺材停放的地方，也是我的棺材稍迟一些时候要停放的地方。

17 时，全结束了。

当克拉拉在两周前到欧洲去住家时，那是难受的，可是我能忍受得了，因为我还有吉恩。我说，我们要成为一个家。我们说，我们要成为亲密的伙伴，要快快乐乐的就只我们两人。星期一，吉恩在轮船上接我的时候，我心里做着这美妙的梦。星期二晚上，她在门口接我的时候，我心里做着这美妙的梦。有我们在一起，我们就是一个家庭。梦成了现实，哦，可贵的真实，心满意足的真实啊！真实了整整两天。

后来，马克·吐温在壁橱里发现了吉恩准备送给他的圣诞礼物：一只挺神气的大地球仪。然而，马克·吐温对女儿的感激之情，吉恩永远也不会知道了。

然后，就是这么一个善良仁慈的姑娘，却早早地离开了这个世界。

吉恩下葬的那天，天下着雪。到 6 时，灵车停到了门口，准备把吉恩带走。他们把棺材抬起来，佩因奏起了舒伯特的管弦乐《即兴曲》，那是吉恩最喜爱的曲子。然后又奏了《间奏曲》，那是为苏西演奏的。后来又奏了《缓慢曲》，那是为她们的妈妈演奏的，是马克·吐温请他弹

奏的。

明显衰老的马克·吐温凭窗望着灵车沿着大路曲曲弯弯地前进，在雪花飘飘之中逐渐模糊起来，最后终于消失了。吉恩在他的生活中永远地消失了。

在万籁俱静的夜晚，这位白发苍苍的老人脸上挂满泪水。先前，他曾忍着痛苦，为早亡的儿子和长女写悼文，以求自慰。现在，他再次伏案灯下，用颤抖的手，蘸着泪水写了一篇悼文《吉恩死了》。

写罢，马克·吐温丢掉笔，喟然长叹："这是最后一章！"

马克·吐温曾经说过："我从没有希望灵魂已经解脱的我的朋友复活。"对妻子和女儿们也是如此，因为他太爱她们了。

从此，马克·吐温的病情日益恶化了。他又乘船去百慕大疗养，但他的心绞痛越来越厉害了。他意识到自己的一生行将结束，可他不想死于异乡，他要回家。

三个月后，马克·吐温回到了斯托姆斐尔德山庄自己的家里。病痛发作得越来越频繁，但即便如此，马克·吐温还保持着优雅的姿态和幽默感。他说："夜里有胸部的疼痛时刻守护着我，白天就有气短和我作伴。我失去的睡眠时间，足够供一支筋疲力尽的军队用的。"

克拉拉和她的丈夫从欧洲及时赶了回来，陪这位坚毅的老人度过了他人生最后的 5 天。

从前，他的每一位亲人、朋友去世的时候，他都说，死亡是他们"最珍贵的礼物"，它"足以使其它所有的礼物相形见绌，变得微不足道"。他从不希望灵魂业已解脱的人重新复活，而今，他也将要解脱了。

"在我像是要死去的时候，我不愿有人延长我的生命。我只需要让我舒舒服服地离去。"面对死亡，马克·吐温表现得十分坦然。

1910 年 4 月 21 日下午，这位曾使人们笑口常开的幽默作家、不懈的民主战士与世长辞了。

马克·吐温死后，遗体停放在纽约长老会的教堂里，全国、全世界的人们纷纷前来最后一次看望他们最亲爱的朋友，向他致敬。"他那种悲剧性的严肃精神引起人们的大笑，而糊涂的人们却认为他只是一个给人逗乐的角色罢了。"

几天之后，马克·吐温被安葬在埃尔迈拉，陪伴在他妻子、儿子和两个女儿的身旁。他终于找到了他永远的家。

马克·吐温的一生是艰苦奋斗、成绩卓著的一生。他深深植根于人民的土壤之中，是当时美国文艺界、新闻界一位很有声望的人物，被推崇为美国的"文坛巨子"，并且在全世界享有很高的声誉，为世界人民所景仰。

附　录

　　不要放弃你的幻想。当幻想没有了以后，你还可以生存，但是你呈生犹死。

—— 马克·吐温

经典故事

∽ 用反话回应无礼言辞 ∽

一次，马克·吐温应邀赴宴。

席间，马克·吐温对一位贵妇说："夫人，你太美丽了！"不料那妇人却说："先生，可是遗憾得很，我不能用同样的话回答你。"

头脑灵敏、言辞犀利的马克·吐温立刻笑着说："那没关系，你也可以像我一样说假话。"

∽ 委婉批评他人的无知 ∽

一天，马克·吐温收到一封信。这是一位青年人写来的，他想向马克·吐温请教成为大作家的诀窍。

这个青年人在信中说："听说鱼含大量的磷质，而磷是有利于脑子的。看来要成为一个大作家，一定要吃很多鱼吧？但不知道你究竟吃的什么鱼，又吃了多少呢？"

马克·吐温回信说："看来，你得吃一条鲸鱼才行。"

∽ 幽默风趣地表达不满 ∽

马克·吐温一次乘车外出，火车开得很慢。当查票员过来查票时，马克·吐温递给他一张儿童票。查票员调侃道："我还真没看出您还是个孩子呢!"

马克·吐温回答:"现在我已经不是孩子了,但我买票上车时还是个孩子哩!"

设身处地为他人着想

一次偶然的机会,马克·吐温与雄辩家琼西·得彪应邀参加同一个晚宴。席上演讲开始了,琼西·得彪滔滔不绝,情感丰富地讲了20分钟,赢得了一片热烈的掌声。然后轮到马克·吐温演讲了。

马克·吐温站起来,面有难色地说:"诸位,实在抱歉,会前琼西·得彪先生约我互换演讲稿,所以诸位刚才听到的是我的演讲,衷心感谢诸位认真的倾听及热情的捧场。然而,不知何故,我找不到琼西·得彪先生的讲稿,因此我无法替他讲了。请诸位原谅我坐下。"

巧妙表达对环境的不满

马克·吐温有一次到某地旅店投宿,别人事先告诉他此地蚊子特别厉害。说来真巧,马克·吐温在服务台登记房间时,一只蚊子正好飞来。马克·吐温对服务员说:"早就听说贵地的蚊子十分聪明,果如其言,它竟会预先来看我登记的房间号码,以便晚上对号光临,饱餐一顿。"

服务员听后,不禁大笑起来。结果那一夜马克·吐温睡得很好,因为服务员也记住了房间号码,提前进房做好灭蚊防蚊的工作。

犀利反击恶意的批评

作家把真人真事编成口头故事,必须要有丰富的大胆的联想才行，这也是一位作家必备的素质。

但是，有一位专门喜欢在细节上吹毛求疵的批评家经常指责马克·吐温说谎。

马克·吐温有些挖苦地回击说："假如你自己不会说谎，没有说谎的本领，对谎话是怎样说的一点知识都没有，你是怎样判断我是说谎呢？只有在这方面经验丰富的人，才有权这样明目张胆地武断指责。"

幽默中体现宽容

有一年的"愚人节"，纽约的一家报纸跟马克·吐温开了一个玩笑，报道说：马克·吐温某月某日辞世了。

结果，马克·吐温的亲戚朋友们，都从全国各地纷纷赶来吊丧。当他们来到马克·吐温家的时候，只见他正坐在桌子前写作呢！亲戚朋友们先是一惊，随即气愤的情绪油然而生，大家纷纷谴责那些不负责任的报纸。

但是，马克·吐温一点儿也不发火，而是诙谐地说："报纸报道我死是千真万确的，只是日期提前了一些。"

坦率承认自己的过错

有一次，有人问马克·吐温，是否记得他第一次是怎样挣到钱的。

马克·吐温想了很久，然后说："那是我在小学读书的时候。那时，小学生们都不尊重自己的老师，而且不爱惜学校的财产，经常弄坏桌椅。于是我们学校就订出一条规则，凡是有哪个学生用铅笔或小刀弄坏了桌椅，那么他就将在全校学生面前受到挨打处分，或者罚款

5 美元。

"一天，我弄坏了自己书桌，只好对父亲说，我犯了校规，要么罚 5 美元，要么在全校学生面前受到挨打处分。父亲说当着全校学生的面挨打真是太丢脸了，他答应给我 5 美元，让我交给学校。但是在给我这 5 美元之前，他把我带到楼上，狠狠地揍了我一顿。我想，我既然已经挨过一顿打，于是决定当着全校学生的面再挨一顿打，以便把那 5 美元保存下来。我真的这样做了，那就是我第一次挣到的钱。"

死的人是我

马克·吐温常常向人说起他小时候的一段伤心往事。据说，马克·吐温出生时是双胞胎，他和他的双胞胎兄弟两人长得一模一样，连他们的母亲也分辨不出来。有一天，保姆为他们洗澡时，其中一个不小心跌入浴缸淹死了，没有人知道淹死的究竟是双胞胎中的哪一个。"最叫人伤心的就在这里。"马克·吐温说，"每个人都以为我是那个活下来的人，其实我不是。活下来的是我弟弟。那个淹死的人是我。"

我要去哪儿

有一次，马克·吐温外出乘车。当列车员检查车票时，他翻遍了每个衣袋，也没有找到自己的车票。刚好这个列车员认识他，于是就安慰马克·吐温说："没关系，如果您实在找不到车票，那也不碍事。我认识您，相信您不是一个不买票就坐车的人。"

"咳！怎么不碍事，我必须找到那张该死的车票，要不然的话，我怎么知道自己要到哪儿去呢？"

年　谱

1835 年 11 月 30 日，出生于密苏里州的佛罗里达。

1847 年起，先后当过印刷所学徒、报童、排字工人、水手、淘金工人、记者等。

1852 年 5 月 1 日，发表处女作《拓殖者大吃一惊的花花公子》。

1864 年 6 月，移居旧金山，在《晨报》工作。开始为《旧金山人》写稿。

1865 年 11 月 18 日，在纽约的《星期六邮报》发表《卡拉维拉斯郡著名的跳蛙》。各处纷纷转载，开始在国内取得名声。

1867 年 4 月 25 日，第一本书《卡拉维拉斯郡著名的跳蛙和其它》随笔。

1869 年 7 月，《傻子国外旅行记》出版。

1872 年 2 月，《艰难历程》由勃里斯的美国出版公司出版。

1873 年冬，与作家查尔斯·达德理·华纳合作，写了《镀金时代》。

1873 年 12 月，《镀金时代》出版。

1874 年夏，开始写《汤姆·索亚历险记》，并把《镀金时代》编成剧本。

1876 年 1 月《康涅狄克焦最近的狂欢节上的罪行纪实》在《大西洋月刊》上发表。

1876 年夏，开始写《赫克尔贝里·芬历险记》。

1876 年 10 月，与勃勒特·哈特合作写喜剧《阿星》。

1876 年 12 月，《汤姆·索亚历险记》由勃里斯出版。

1877 年 1 月 1 日，开始写《王子与贫儿》。

1878 年春至 1879 年夏，全家往欧洲旅行，为《国外旅游记》收集材料。

1880 年 3 月，《国外旅游记》出版。

1881 年 12 月，《王子与贫儿》出版。

1882 年 4 月，重访密西西比河，以便为其《密西西比河上的生活》的下半部收集材料。

1883 年夏，在夸里农庄完成《哈克贝利·费恩历险记》的写作。《密西西比河上的生活》由奥斯谷特出版。

1885 年 2 月 18 日，《哈克贝利·费恩历险记》由韦伯斯特出版公司出版。

1885 年 1 月 2 日，韦伯斯特公司出版《格兰特回忆录》。

1886 年 1 月，开始写《在亚瑟王朝廷里的康涅狄格州的美国佬》。

1889 年 12 月，《在亚瑟王朝廷里的康涅狄格州的美国佬》由韦伯斯特出版公司出版。

1894 年 4 月 16 日，《汤姆·索亚在国外》由韦伯斯特公司出版。

1894 年 11 月，《傻瓜威尔逊》由美国出版公司出版。

1896 年 5 月，《冉·达克》由哈泼公司出版。

1896 年 1 月 1 日，《侦探汤姆·索亚》由哈泼公司出版。

1897 年 1 月 1 日，《赤道环行记》由美国出版公司出版。

1901 年 2 月，《致坐在黑暗中的人》在《北美评论》上发表。这是马克·吐温反对帝国主义在世界各地实行侵略的名篇。

1909 年 4 月，《莎士比亚死了吗?》出版。

1910 年冬春，狭心症病情开始恶化。

1910 年 4 月 21 日，因狭心症不治逝世。终年 75 岁。

名　言

- 幽默是一股拯救的力量。

- 谎言已走了半个世界，真话才在动身。

- 宁愿闭口不说话，也不要急于表现自己。

- 只要具备了无知和自信，你就必然能成功。

- 有阅读能力而不愿读好书的人，和文盲没有两样。

- 让自己愉快起来的最好方法是努力让别人快乐起来。

- 永远说实话，这样你就不用去记你曾经说过些什么。

- 如果所有的人都是富有的，那么所有的人都是贫穷的。

- 每个人都是月亮，总有一个阴暗面，从来不让人看见。

- 友谊是如此圣洁的一种激情，是如此甜蜜、牢固和忠诚。

- 那些有好书却不读的人，不比无法读到这些书的人拥有任何优势。

- 做个好人很高尚。教授别人如何做一个好人更高尚，也不是什么坏事。

● 如果大家的见解都是一样，那并不好。赛马就是由于意见分歧而产生的。

● 你的敌人和朋友携手合作，才能伤你的心。敌人大肆诽谤你，朋友赶忙传给你听。

● 人的思想是了不起的，只要专注于某一项事业，就一定会做出使自己感到吃惊的成绩来。

● 巨大的财富对于一个不惯于掌握钱财的人，是一种毒害，它侵入他的品德的血肉和骨髓。

● 道德是一种获得，如同音乐，如同外国语，如同虔诚扑克和瘫痪。没有人生来就拥有道德。

● 构成生命的主要成分，并非事实和事件，它主要的成分是思想的风暴，它一生一世都在人的脑中吹袭。

● 在没有证据形成意见的时候硬要造成一种意见，是没有意义的。倘使你造一个没有骨头的人，一眼看上去也许栩栩如生，可是软绵绵地站不起来；证据是意见的骨头。

图书在版编目(CIP)数据

马克·吐温 / 李勇编著. —北京:中国社会出版社,2012.6

(世界名人非常之路)

ISBN 978 - 7 - 5087 - 4047 - 8

Ⅰ. ①马… Ⅱ. ①李… Ⅲ. ①马克·吐温(1835 ~ 1910) – 生平事迹 Ⅳ. ① K837.125.6

中国版本图书馆 CIP 数据核字(2012)第 099845 号

书　　名:马克·吐温

编 著 者:李　勇

策　　划:侯　钰

责任编辑:侯　钰

出版发行:中国社会出版社　邮政编码:100032

通联方式:北京市西城区二龙路甲 33 号

编 辑 部:(010)66080360

邮 购 部:(010)66060275

销 售 部:(010)66080360　传真:(010)66051713

　　　　　(010)66080300　传真:(010)66080880

网　　址:www.shcbs.com.cn

经　　销:各地新华书店

印刷装订:中国电影出版社印刷厂

开　　本:170mm×240mm 1/16

印　　张:13

字　　数:200 千字

版　　次:2012 年 7 月第 1 版

印　　次:2013 年 3 月第 2 次印刷

定　　价:26.00 元